はしがき

本書は、**『カラー版新国語便覧』『新訂総合国語便覧』**に準拠した問題集です。高等学校における国語学習全般を、整理・確認しながら基礎学力として身につけられるように編集しました。

本書の特色

一　国語学習の基礎となる内容を**「漢字・言葉」「古文常識」「文学史」「漢文の学習」**の四つに大きく区分し、系統的に学習できるような構成・配列にしました。

二　**「漢字・言葉」「古文常識」「文学史」「漢文の学習」の大項目**に、それぞれの学習内容を**小項目**として示し、学習内容を明確にしました。

三　**各回を見開き二ページ**でまとめ、**各便覧の該当ページ**を示して、自学自習に対応できるようにしました。

四　各項目の学習内容に合わせて紙面構成や設問に変化をもたせ、意欲的に学習に取り組めるように配慮しました。

目次

1 漢字・言葉

カラー便覧ページ 458〜465
新訂便覧ページ 500〜522 528〜535

1 漢字の構成 次の各問いに答えよ。

(1) 次の中から表意文字を一つ選び、記号で答えよ。

ア アルファベット　イ 漢字
ウ 仮名
（　　）

(2) 次の漢字の造字法・運用法（六書）の種類を後から選び、記号で答えよ。

① 中（　　）　② 信（　　）
③ 來（　　）　④ 河（　　）
⑤ 魚（　　）　⑥ 令（　　）
⑦ 刃（　　）　⑧ 森（　　）
⑨ 木（　　）　⑩ 江（　　）

ア 象形　イ 指事　ウ 会意
エ 形声　オ 転注　カ 仮借

(3) 次の熟語の読みを書き、太字の漢字の音の種類を後から選んで、記号で答えよ。

① **行**脚　［　　］（　　）
② 修**行**　［　　］（　　）
③ 旅**行**　［　　］（　　）

ア 呉音　イ 漢音　ウ 唐宋音

(4) 次の漢字の訓の種類を後から選び、記号で答えよ。

① 雨（　　）　② 七夕（　　）
③ 柏《かしわ》（　　）　④ 蚊帳（　　）

ア 正訓　イ 義訓　ウ 国訓

(5) 次の熟語の読み方の種類を後から選び、記号で答えよ。

① 青空（　　）　② 身分（　　）
③ 仕業（　　）　④ 家庭（　　）

ア 音読み　イ 訓読み
ウ 重箱読み　エ 湯桶読み

(6) 次の漢字の部首と部首名を、例にならって答えよ。

〈例〉峰　［山／やまへん］

① 跡　② 兄　③ 匠　④ 建　⑤ 美
⑥ 彩　⑦ 慕　⑧ 罪　⑨ 触　⑩ 陸
⑪ 断　⑫ 穀　⑬ 孫　⑭ 厚　⑮ 魅
⑯ 登　⑰ 戦　⑱ 考　⑲ 層　⑳ 殿
㉑ 教

2 同音異義語　次の太字のカタカナを、それぞれの意味にあう漢字に書き改めよ。

(1) **ヘイコウ**
① 交わらない線や面。
② つりあいがとれる。
③ ならんで同時におこなう。

(2) **イシ**
① 故人の生前のこころざし。
② 何かをする気持ち。
③ 考え・おもい。

(3) **コウガク**
① 学問に心をむける。
② 学問をこのむこと。
③ 今後の役に立つ知恵。

(4) **タイショウ**
① つりあうこと。
② 他とてらしあわせる。
③ 人の意識の向くもの。

(5) **セイサク**
① 芸術品などをつくる。
② ものをつくること。

(6) **ソクセイ**
① 人工的に成長をうながす。
② その場で作ること。
③ すみやかになしとげる。

(7) **カテイ**
① 物事の進行する段階。
② 期間にあてた仕事。

(8) **エンカク**
① 移りかわり。
② とおく離れていること。

(9) **アイショウ**
① 親しく呼ぶ名前。
② 悲しみいたむこと。

(10) **ヨウケン**
① 大事な用事。
② 用事の種類・内容。

(11) **コウカン**
① 取りかえること。
② お互いに楽しむこと。

3 同訓異字語　次の太字の仮名を適切な漢字に書き分けよ。

(1) **うつ**
① くぎを□つ。
② 賊を□つ。
③ 鉄砲を□つ。

(2) **しずめる**
① 気を□める。
② 反乱を□める。
③ 船を□める。

(3) **すすめる**
① 時計を□める。
② 入会を□める。
③ 候補者として□める。

(4) **かわく**
① 空気が□く。
② のどが□く。

(5) **あらい**
① 波が□い。
② 網の目が□い。

2 漢字・言葉

カラー便覧ページ 460〜465 477
新訂便覧ページ 523〜535

1 同音異義語 次の太字のカタカナを適切な漢字に書き分けよ。

(1) **シコウ**
① 法律が□される。
② □錯誤を重ねる。
③ □はわが社だ。
④ □を妨げる。
⑤ 彼の□する方面。
⑥ 権力□が強い人。

(2) **タイセイ**
① □に反抗する。
② □を立て直す。
③ □につく。
④ 着地の□が崩れる。

(3) **キセイ**
① □の価値規準。
② □服は買わない。
③ 行動を□する。
④ 交通□をする。

(4) **カンショウ**
① 音楽を□する。
② 金魚を□する。
③ □的な態度。

(5) **シンニュウ**
① 敷地に□する。
② 家宅□罪。
③ 床下に水が□した。

(6) **セイサン**
① 運賃を□する。
② □は全くない。
③ 借金を□する。

(7) **キョウイ**
① 核戦争の□。
② □的な回復。

(8) **シュウシュウ**
① 切手を□する。
② □のつかぬ事態。

3 書き誤りやすい語 次の各文から誤字を抜き出し、正しく書き改めよ。

(1) 旅券を欺造する。 ↓
(2) 貯畜を奨励する。 ↓
(3) 人跡未到の地。 ↓
(4) 険約した生活をする。 ↓
(5) 互格に戦う。 ↓
(6) 悪い虫が繁植する。 ↓
(7) 余断を許さない事態。 ↓
(8) 異句同音に叫ぶ。 ↓
(9) 仮空の話をする。 ↓
(10) 気嫌が悪い。 ↓
(11) 激薬に注意する。 ↓
(12) 徴戒免職になる。 ↓
(13) 荘大な建物。 ↓
(14) 注意が散慢だ。 ↓
(15) 究局の目的。 ↓

2 **同訓異字語** 次の太字の仮名を適切な漢字に書き分けよ。

(1) **かえる**
① 観点を□える。
② 名義を書き□える。
③ 休日を振り□える。
④ あいさつに□える。

(2) **きく**
① 話し声を□く。
② 国民の声を□く。
③ 薬が□く。
④ 機転が□く。

(3) **いたむ**
① 足が□む。
② 家が□む。
③ 故人を□む。

(4) **かたい**
① □い材木。
② 団結が□い。
③ □い石を砕く。

(5) **はかる**
① 合理化を□る。
② 時間を□る。
③ 水深を□る。
④ 目方を□る。
⑤ 悪事を□る。
⑥ 審議会に□る。

(6) **とる**
① 資格を□る。
② 会議で決を□る。
③ 事務を□る。
④ ねずみを□る。
⑤ 写真を□る。

(7) **おさめる**
① 成功を□める。
② 税を□める。
③ 領地を□める。
④ 学を□める。

(16) 人事移動を行う。
(17) 肝に命ずる。
(18) 利益を切半する。
(19) 下熱剤を与える。
(20) 純心な子どもの笑顔。
(21) 還歴の祝いをする。
(22) 遇然の出会い。
(23) 危機一発の出来事。
(24) 感違いをする。
(25) 車が除行して通る。
(26) 苦脳が絶えない。
(27) 専問の科目。
(28) 弧独な人生。
(29) 変屈な人。
(30) 草花を裁培する。
(31) 責任を転化する。

3 漢字・言葉

カラー便覧ページ 460〜465 477
新訂便覧ページ 523〜535

1 同音異義語

次の太字のカタカナを適切な漢字に書き分けよ。

(1) **カンシン**
① □できない態度。
② 政治に□をもつ。
③ 彼女の□を買う。

(2) **タイショウ**
① □を克明に描く。
② □的な姉妹。
③ 左右□の図形。

(3) **シンキ**
① □一転する。
② □に採用する。
③ □な傾向に走る。

(4) **ガイカン**
① 歴史を□する。
② □で判断する。

(5) **キテン**
① 東京を□とする。
② 本店を□とする。

(6) **ツイキュウ**
① 利潤を□する。
② 真理を□する。
③ 余罪を□する。

(7) **キコウ**
① アメリカ□。
② □式を行う。
③ 厳しい□。

(8) **ジキ**
① 中間テストの□。
② □が熟する。
③ 海水浴の□だ。

(9) **ケッサイ**
① 借金の□をする。
② 社長が□する。

(10) **キテイ**
① 社内□に従う。
② □の方針に従う。

3 書き誤りやすい語

次の太字のカタカナを漢字に書き改めよ。

(1) **アンピ**を気づかう。
(2) **コウトウ**試問をする。
(3) **タントウ**直入に話す。
(4) 会議が**フンキュウ**する。
(5) **リチギ**な人。
(6) 規模を**シュクショウ**する。
(7) **アットウ**的な勢力。
(8) **イチドウ**に会する。
(9) 睡眠を**ボウガイ**する。
(10) **カイシン**の作品。
(11) 損害を**ホショウ**する。
(12) **ビミョウ**な判定。
(13) 内容を**ブンセキ**する。
(14) 欠点を**シテキ**する。
(15) 医者の**ショホウ**箋。

2 **同訓異字語** 次の太字の仮名を適切な漢字に書き分けよ。

(1) **かかる**
① 迷惑が□かる。
② 月が中天に□かる。
③ 橋が□かる。
④ 本件に□る訴訟。

(2) **おろす**
① 主役から□ろす。
② 貯金を□ろす。
③ 小売りに□す。

(3) **つとめる**
① 完成に□める。
② 会社に□める。
③ 主役を□める。

(4) **ととのえる**
① 身辺を□える。
② 晴れ着を□える。

(5) **とく**
① 結び目を□く。
② 絵の具を□く。

(6) **とめる**
① 息を□める。
② ボタンを□める。
③ 友達を家に□める。

(7) **わざ**
① 至難の□。
② 柔道の□。

(8) **かえりみる**
① 過去を□みる。
② 自らを□みる。

(9) **しぼる**
① 手ぬぐいを□る。
② 乳を□る。

(10) **つつしむ**
① 身を□む。
② □んで聞く。

(11) **わずらう**
① 思い□う。
② 胸を□う。

(16) 五里**ムチュウ**の捜索。
(17) 条約を**ヒジュン**する。
(18) **ゼンジ**回復する。
(19) **ギセイ**を払って確保する。
(20) **カヘイ**の価値。
(21) 動作の**カンマン**な選手。
(22) **ケイソツ**な行動をする。
(23) 叔父の**ハイグウ**者。
(24) たくさんの**カンシュウ**。
(25) 借金の**テイトウ**にする。
(26) 立派な**サイゴ**をとげる。
(27) **ケッセン**投票をする。
(28) 客を**セッタイ**する。
(29) **イッシン**同体の夫婦。
(30) 要求を**カンテツ**する。
(31) 改築を**ウ**け負う。

4 漢字・言葉

カラー便覧ページ 470〜476
新訂便覧ページ 544〜553

1 四字熟語　次の意味を参考に四字熟語を完成し、その読みも書け。

(1) 軽はずみで、むやみな行動をする意。　軽□□動

(2) 自分の都合のよいようにはからうこと。　□田□水

(3) 内にも外にも心配ごとがあること。　内□外□

(4) むだ話はやめて、さて、といった意。　□話休□

(5) 意義ある事をせずうかうか一生を送る意。　□生□死

(6) 一生に一度会う。また一度限りのこと。　一□一□

(7) 人の先頭に立って模範を示すこと。　□先□範

(8) 昔から今まで並ぶもののないこと。　□今無□

(9) つかずはなれずの関係を保つこと。　不即□□

(10) 一人取り残されて助けのないさま。　孤□無□

(11) 会う者は必ず別れる運命にあること。　会者□□

(12) 大事と小事がさかさまになること。　本□転□

(13) もとの状態をそのまま保っている意。　□態□然

(14) 季節はずれで、役に立たないもの。　夏□冬□

(15) 深い愛で結ばれた夫婦は一心同体の意。　比□□理

(16) 敵同士が一つ所に居合わせること。　□□同舟

(17) 心清く正しくうしろ暗い所がない意。　清□□白

(18) 角がたたず滑らかで、自由自在なこと。　円□滑□

(19) ぐずぐずして、決断できない様子。　□柔不□

(20) 天下泰平で、人民が安らかに暮らす意。　□腹撃□

(21) 何でもないことが恐ろしくなること。　疑心□□

(22) ちりぢりばらばら。めちゃくちゃの意。　支□滅□

(23) 世界で自分が一番尊い存在だという意。　□我□尊

(24) 悪人を一度に全部捕らえること。　一□打□

(25) 他人を無視して勝手にふるまうこと。　□□無人

(26) 世の中がひっくり返るほどのこと。　□天□地

(27) 事が多くて真実をつかみにくいこと。　多□亡□

(28) おだやかでまじめ、情が厚いこと。　温厚□□

2 対義語　次の漢字の対義語を各群から選び、漢字で書け。

(1) 承諾 ↕
(2) 単純 ↕
(3) 恥辱 ↕
(4) 需要 ↕
(5) 理論 ↕

フクザツ　リハン　キョウキュウ　キョゼツ　コウドウ　ジッセン　コウセキ　メイヨ

(6) 斬新 ↕
(7) 寛容 ↕
(8) 虚偽 ↕
(9) 購入 ↕
(10) 保守 ↕

ゲンカク　ザンジ　バイキャク　チンプ　ヨクセイ　シンジツ　ハカイ　カクシン

(11) 脱退 ↕
(12) 拾得 ↕
(13) 解雇 ↕
(14) 特殊 ↕
(15) 分解 ↕

ゴウセイ　ユウカイ　イシツ　カニュウ　シュシャ　イッパン　サイヨウ　リハン

3 動植物　次の動物・植物の読みを各群から選んで書け。

〈動物〉

(1) 駱駝
(2) 海豹
(3) 麒麟
(4) 土竜
(5) 栗鼠

キリン　ヤギ　モグラ　サイ　カモシカ　リス　ヒョウ　アザラシ　ラクダ　ロバ

(6) 郭公
(7) 雲雀
(8) 啄木鳥
(9) 鶯
(10) 鷗

キツツキ　カモメ　カリ　カッコウ　ヒバリ　カモ　ウグイス　ホトトギス

(11) 鰤
(12) 鮑
(13) 秋刀魚
(14) 鰹
(15) 鮪

サバ　サンマ　ブリ　アワビ　サワラ　コイ　カツオ　エビ　ワカサギ　マグロ　フナ

〈植物〉

(1) 撫子
(2) 沈丁花
(3) 林檎
(4) 葡萄
(5) 紫陽花

カシワ　ヤシ　ナデシコ　ブドウ　ビワ　ジンチョウゲ　アジサイ　ハギ　リンゴ

(6) 桔梗
(7) 女郎花
(8) 山茶花
(9) 薔薇
(10) 蒲公英

サザンカ　タンポポ　オミナエシ　ボタン　バラ　キキョウ　カエデ　モミ

(11) 銀杏
(12) 南瓜
(13) 団栗
(14) 向日葵
(15) 睡蓮

ドングリ　ヒマワリ　ギンナン　スイレン　スミレ　カブ　カボチャ

5 漢字・言葉

カラー便覧ページ 470～476
新訂便覧ページ 544～553

1 四字熟語

次の四字熟語の意味を各群から選び、記号で答えよ。

(1) 悪戦苦闘（　　）
(2) 巧言令色（　　）
(3) 千載一遇（　　）
(4) 臥薪嘗胆《がしんしょうたん》（　　）

ア ことばを飾り顔色をつくろうこと。
イ 目的達成のために苦労をする意。
ウ 困難に打ち克《か》とうとがんばること。
エ 千年に一度会うようなまれな機会。

(5) 一衣帯水（　　）
(6) 孤軍奮闘（　　）
(7) 直情径行（　　）
(8) 画竜点睛《がりょうてんせい》（　　）

ア 最後の大事な仕上げ。
イ 二つの物の間が非常に近いこと。
ウ ひたむきに行動し気がねしない意。
エ ただ一人で一所懸命がんばること。

(9) 一視同仁（　　）
(10) 故事来歴（　　）
(11) 電光石火（　　）
(12) 玉石混淆《ぎょくせきこんこう》（　　）

ア きわめて短い時間。すばやい様子。
イ よいもの悪いものが混じること。
ウ すべてのものを同様に愛すること。
エ 昔から伝わっている話やいわれ。

(13) 一長一短（　　）
(14) 言語道断（　　）
(15) 天長地久（　　）
(16) 毀誉褒貶《きよほうへん》（　　）

ア ことばで言い表せない。
イ よい所もあり、欠点もあること。
ウ 永久に続くという意。
エ そしったりほめたりすること。

(17) 右往左往（　　）
(18) 熟慮断行（　　）
(19) 東奔西走（　　）
(20) 虎視眈々《こしたんたん》（　　）

ア 混乱してあちこち動きまわること。
イ よく考えて決断し、実行すること。
ウ 鋭い目で機会をねらっていること。
エ あちらこちらに走りまわること。

(21) 快刀乱麻（　　）
(22) 酒池肉林（　　）
(23) 独立独歩（　　）
(24) 四面楚歌《しめんそか》（　　）

ア 四方すべて敵に囲まれること。
イ 一人立ちして自らの道を行くこと。
ウ 複雑な物事を明快に処理すること。
エ ぜいたくをきわめた酒宴のこと。

(25) 急転直下（　　）
(26) 諸行無常（　　）
(27) 馬耳東風（　　）
(28) 無念無想（　　）
(29) 周章狼狽《しゅうしょうろうばい》（　　）

ア 雑念をはらって何も考えない境地。
イ 事態が一気に変わって解決する意。
ウ 人の話を右から左へ聞き流すこと。
エ うろたえまごつくこと。
オ 世のすべての物は常に変転する意。

(30) 行雲流水（　　）
(31) 森羅万象（　　）
(32) 美辞麗句（　　）
(33) 無味乾燥（　　）
(34) 孟母三遷《もうぼさんせん》（　　）

ア 世の形あるすべての物の意。
イ 美しくきれいに飾りたてたことば。
ウ 教育環境の大切さを説く教え。
エ 自然のなりゆきにまかせること。
オ 味気なく、うるおいのないこと。

(35) 厚顔無恥（　　）
(36) 絶体絶命（　　）
(37) 優勝劣敗（　　）
(38) 焚書坑儒《ふんしょこうじゅ》（　　）

ア 追いつめられた困難な立場、場合。
イ 強い者は栄え、弱い者は亡《ほろ》びる意。
ウ 学問や思想を弾圧すること。
エ あつかましく、恥知らずなこと。

2 **対義語** 次の各群から、対義語を四組ずつ抜き出して書け。

(1)
違反　尊敬　華美　謙虚　貧困　質素
高慢　裕福　犯罪　遵守　不幸　煩雑

↕　↕　↕　↕

(2)
起床　押収　粗野　徹夜　就寝　防御
優雅　徴収　慎重　攻撃　反撃　納入

↕　↕　↕　↕

(3)
永遠　旧態　寡作　瞬間　分裂　疎遠
解放　独創　模倣　親密　束縛　閉鎖

↕　↕　↕　↕

3 **動植物** 次の動物・植物の読みを、マス目にあわせてカタカナで書け。

〈動物〉

(1) 鰻
(2) 軍鶏
(3) 蛤
(4) 鯉
(5) 蝶
(6) 海鼠
(7) 不如帰
(8) 梟
(9) 蝸牛
(10) 山羊
(11) 蛸
(12) 鮫
(13) 河豚
(14) 蜻蛉
(15) 蜘蛛

〈植物〉

(1) 杜若
(2) 葱
(3) 菫
(4) 芙蓉
(5) 蓮
(6) 楓
(7) 椰子
(8) 橙
(9) 欅
(10) 椿
(11) 浜木綿
(12) 桐
(13) 柊
(14) 百合
(15) 牡丹

6 漢字・言葉

カラー便覧ページ	470〜476
新訂便覧ページ	544〜553

1 四字熟語　次の四字熟語を漢字で書け。

(1) いっきょいちどう　ひとつひとつの動作。
(2) たいざんめいどう　大げさなさま。
(3) えいこせいすい　栄えたり衰えたりすること。
(4) へんげんせきご　わずかなことば。一言。
(5) じゅんぷうまんぱん　順調に事が進む意。
(6) いっとうりょうだん　思い切ってしまうすること。
(7) りゅうげんひご　根も葉もないうわさ、デマ。
(8) しつじつごうけん　飾り気なくまじめで、強いこと。
(9) むがむちゅう　われを忘れて熱中すること。
(10) こじょうらくじつ　勢いが衰えて心細い様子。
(11) めいきょうしすい　かげりのない澄んだ心境。
(12) しんしょうぼうだい　大げさに言うこと。
(13) きんかぎょくじょう　価値ある大切な規則、きまり。
(14) せんぺんばんか　さまざまに変化すること。
(15) いっこくせんきん　すばらしいとき、季節。
(16) たいぜんじじゃく　ゆったりと落ち着いた様子。
(17) こうきしゅくせい　物事の基本・規律を正すこと。
(18) ひゃっきやこう　悪人がはびこる意。
(19) しぶんごれつ　ちりぢりばらばらになること。
(20) いきとうごう　互いに気持ちが合うこと。
(21) じょうしゃひっすい　世は無常という意。
(22) ききゅうそんぼう　生きるか亡ぶか危ない瀬戸際。
(23) せんせんきょうきょう　恐れおののくこと。
(24) じきしょうそう　まだその時期でないこと。
(25) いっちょういっせき　短い時日、期間のこと。
(26) どうこういきょく　少しの違いでだいたいは同じ。
(27) せいこううどく　悠々と心のままの生活。
(28) うぞうむぞう　多くのつまらぬ人や物のこと。
(29) いふうどうどう　威厳があって盛んな様子。
(30) てんぺんちい　天と地に現れる異変、災異。
(31) きそうてんがい　思いもよらぬ奇抜なこと。
(32) いちねんほっき　事の遂行を決心する。
(33) いっしょけんめい　仕事に熱心に従事すること。
(34) しようまっせつ　物事の大切でない事柄。
(35) さいしょくけんび　才能も容貌も兼ね備えた女性。
(36) たいぎめいぶん　人として守るべき道義と本分。
(37) いきようよう　得意になってほこらしい様子。
(38) にそくさんもん　ひどく安い値だんのこと。
(39) げっかひょうじん　男女の縁を取りもつ人。
(40) なんせんほくば　各地に旅をすること。
(41) じゅうおうむじん　思うままに自在にやること。
(42) せいてんはくじつ　無実で潔白の意。

2 対義語 次の漢字の対義語を各群から選び、漢字で書け。

(1) 暴落 ↕
(2) 軽微 ↕
(3) 演繹 ↕
(4) 高尚 ↕
(5) 舶来 ↕
(6) 放任 ↕
(7) 紳士 ↕
(8) 栄転 ↕

テイゾク　トウセイ　ジャドウ　キノウ　ジンダイ　コウトウ　ドクセン　コクサン　ヤバン　レイグウ　サセン　シュクジョ

(9) 強硬 ↕
(10) 饒舌 ↕
(11) 抽象 ↕
(12) 分析 ↕
(13) 優勝 ↕
(14) 冷静 ↕
(15) 歓喜 ↕
(16) 向上 ↕

カモク　ソウゴウ　トウイツ　コウフン　カコウ　ダラク　カンパイ　ヒアイ　レッパイ　アイセキ　グタイ　ジュウナン

3 動物名 次の各群から動物名を五つ選び、その読みをカタカナで書け。

(1)
蓑虫　豌豆　燕　躑躅　海苔　馴鹿　羊歯　蓬　水仙　豹　昆布　驢馬

(2)
木犀　烏　鰈　合歓　孔雀　蔦　駝鳥　木賊　馬酔木　守宮　芥子　薄

(3)
鰯　瓢箪　水母　大蒜　若布　杏子　鯖　秋海棠　鯛　胡桃　無花果　蝙蝠

4 植物名 次の各群から植物名を五つ選び、その読みをカタカナで書け。

(1)
胡瓜　家鴨　牛蒡　蜉蝣　犀　玉葱　雉　雲丹　海象　茄子　頬白　糸瓜

(2)
烏賊　苺　河鹿　葛　獅子　胡麻　泥鰌　山椒　木菟　生姜　十姉妹　蚤

(3)
海老　西瓜　土筆　狆　四十雀　人参　隼　枇杷　百舌　子規　蜜柑　百足

7 漢字・言葉

カラー便覧ページ	新訂便覧ページ
478〜481	554〜557 562〜563

1 慣用句 次の慣用句の意味を各群から選び、記号で答えよ。

〈からだの部分に関する慣用句〉

(1) 目が利く （　　）
(2) 目と鼻の先 （　　）
(3) 目を奪われる （　　）
(4) 目を皿にする （　　）
(5) 目をはばかる （　　）
(6) 目を光らす （　　）

ア 強く目を引きつけられる。
イ 鑑識力がある。
ウ 目を大きく見開く。
エ きびしく見張る。
オ 人に見られないようにする。
カ 距離が近いさま。

(7) 鼻が高い （　　）
(8) 鼻であしらう （　　）
(9) 鼻にかける （　　）
(10) 鼻を明かす （　　）
(11) 鼻を折る （　　）
(12) 鼻つまみ （　　）

ア きらわれ者。
イ 慢心をくじく。
ウ 得意なさま。
エ 自慢する。
オ すげない態度をとる。
カ だしぬいて驚かせる。

(13) 口がすべる （　　）
(14) 口にのぼる （　　）
(15) 口をそろえる （　　）
(16) 口をとがらせる （　　）
(17) 口をぬぐう （　　）

ア そしらぬふりをする。
イ うわさされる。
ウ 言ってはならないことをつい言う。
エ 怒りや不満の表情。
オ 同じことを言う。

〈動物にたとえた慣用句〉

(18) 犬と猿 （　　）
(19) 猫の額 （　　）
(20) 牛のよだれ （　　）
(21) 虎の尾をふむ （　　）
(22) 烏の行水 （　　）
(23) 蛙《かえる》のつらへ水 （　　）

ア 仲の悪いたとえ。
イ きわめて危険なさま。
ウ 面積の狭いさま。
エ だらだら続く。
オ 平気な顔つきをいう。
カ 入浴の短いたとえ。

(24) 窮鼠《きゅうそ》猫をかむ （　　）
(25) 河童の川流れ （　　）
(26) 鶴の一声 （　　）
(27) うなぎの寝床 （　　）
(28) 蚊が鳴くよう （　　）
(29) 虫が知らせる （　　）

ア 予感がする。
イ 狭くて細長い場所。
ウ 失敗すること。
エ 力弱く細い声。
オ 追いつめられた弱者の逆襲。
カ 権威者の一言で決着がつくこと。

(30) 馬と猿 （　　）
(31) 蛙の行列 （　　）
(32) 蛇の道はへび （　　）
(33) 猫をかぶる （　　）
(34) 仕事の虫 （　　）

ア 仕事にうちこむ人。
イ 仲のよいたとえ。
ウ 本性を隠して上品ぶる。
エ 同類の者はその道に詳しい。
オ むこう見ずなこと。

2 慣用句 次の空欄にからだの一部分を表す漢字を書け。

(1) □を突き合わせる（近くよりそう）
(2) □を向けて寝ない（恩への感謝の態度）
(3) □をさする（怒りをおさえる）
(4) □をはねる（うわ前をかすめ取る）
(5) □も当てられぬ（ひどくて正視できない）
(6) □で笑う（軽蔑して笑う）
(7) □を割る（白状する）
(8) □を進める（乗り気になる）
(9) □の切れるような（新しい紙幣の形容）
(10) □が立つ（世間への面目が立つ）
(11) □につく（あきていや気がおこる）
(12) □が浮く（不快なさま）
(13) □をくわえる（傍観。はにかむ。羨望）
(14) □にたこができる（同じことを聞きあきる）
(15) □から鼻へ抜ける（聡明である）

3 ことわざ　次のことわざの意味を各群から選び、記号で答えよ。

(1) 言わぬが花（　）
(2) 他人の飯を食う（　）
(3) 人の花は赤い（　）
(4) 臭いもの身知らず（　）
(5) 青菜に塩（　）
(6) 蓼《たで》食う虫も好きずき（　）

ア　力なくしおれているさま。
イ　よその物はよく見える。
ウ　はっきり言わないほうがかえってよいということ。
エ　自分の欠点には気づかないものだ。
オ　人の好みはまちまち。
カ　世間にもまれて苦しい経験を積むこと。

(7) 取らぬ狸の皮算用（　）
(8) 棚からぼた餅（　）
(9) 貧すれば鈍する（　）
(10) 亀の甲より年の功（　）
(11) 命あっての物種（　）
(12) ミイラ取りがミイラになる（　）

ア　思いがけぬ幸運にあうこと。
イ　貧乏すれば人間がだめになる。
ウ　働きかけた者が逆に相手方に引き入れられること。
エ　まだ手に入っていないものを手に入れたつもりになること。
オ　何よりも命が大事。
カ　年長者の経験はおろそかにできないこと。

(13) 雨後の筍《たけのこ》（　）
(14) 月夜に提灯（　）
(15) 寝た子をおこす（　）
(16) 天に唾する（　）
(17) 判官びいき（　）
(18) 焼けぼっくいに火がつく（　）

ア　他人を傷つけようとすると、かえって自分が傷つくことになる意。
イ　物事が次々に発生するたとえ。
ウ　弱者に味方したい気持ち。
エ　収まっていた事態によけいなことをしてまた問題をおこすこと。
オ　あっても無用なもののたとえ。
カ　いったん切れていた男女の関係がよみがえること。

(19) 血で血を洗う（　）
(20) 敵は本能寺にあり（　）
(21) 笛吹けど踊らず（　）
(22) 小田原評定（　）
(23) 真綿で首をしめる（　）
(24) 船頭多くして船山にのぼる（　）

ア　手をつくしても人がこちらの思い通りに動かない。
イ　さしずする人が多くて仕事が進まないこと。
ウ　真の目的は別にあること。
エ　じわじわと苦しめる。
オ　悪事に悪事で対抗する。また血縁の者同士の争い。
カ　長びいて決まらない相談。

(25) 親の光は七光り（　）
(26) 昔取った杵柄《きねづか》（　）
(27) 水清ければ魚すまず（　）
(28) 血は水よりも濃い（　）
(29) 無くて七癖（　）
(30) 清水の舞台から飛びおりる（　）

ア　清潔すぎると人がよりつかない。
イ　どんな人にも癖がある。
ウ　かつて修練したわざはのちまで使える、の意。
エ　危険をかえりみず思い切って事を行う。
オ　血縁の者のつながりは他人よりも強い。
カ　親の威光が子に及ぶさま。

(31) 寄らば大樹の陰（　）
(32) 習うより慣れろ（　）
(33) 出る杭《くい》は打たれる（　）
(34) 三つ子の魂百まで（　）
(35) 木に竹をつぐ（　）
(36) 庇《ひさし》を貸して母屋を取られる（　）

ア　助けてやったのにつけこまれ、恩を仇《あだ》で返される。
イ　幼い時の性質は一生消えない。
ウ　同じ頼るなら有力なものに頼るのがよい。
エ　学ぶより体験せよ。
オ　出すぎたことをすると人から憎まれる。
カ　物事のつながりが不自然なさま。

8 漢字・言葉

カラー便覧ページ	新訂便覧ページ
478〜481	554〜557 562〜563

1 慣用句 次の慣用句の意味を各群から選び、記号で答えよ。

〈からだの部分に関する慣用句〉

(1) **耳**が痛い（　）
(2) **耳**にさわる（　）
(3) **耳**にはさむ（　）
(4) **耳**を貸す（　）

ア 相手の相談に乗る。
イ 聞いて不快だ。
ウ 弱点をつかれて、聞くのがつらい。
エ ちらっと聞く。

(5) **手**が上がる（　）
(6) **手**が焼ける（　）
(7) **手**も**足**も出ない（　）
(8) **手**を切る（　）

ア めんどうをみて苦労する。
イ 技量が上達する。
ウ 困りきったさま。
エ 関係を清算する。

(9) **足**が出る（　）
(10) **足**が棒になる（　）
(11) **足**が早い（　）
(12) **足**をすくう（　）

ア 足が疲れる。
イ 売れ行きがよい。
ウ すきにつけこみ失敗させる。
エ 赤字になる。

(13) **爪**に火をともす（　）
(14) **尻**に火がつく（　）
(15) **膝**をたたく（　）
(16) **すね**をかじる（　）

ア ひどくけちであるさま。
イ 親の世話になる。
ウ 物事がさし迫るさま。
エ はっと思い当たる。

〈動物にたとえた慣用句〉

(17) **馬**が合う（　）
(18) **虫**がいい（　）
(19) **狐**につままれる（　）
(20) **犬**の遠吠え（　）

ア 意気投合する。
イ あつかましい。
ウ 臆病者がかげで威張るさま。
エ わけのわからぬさま。

(21) **虎**になる（　）
(22) **虫**の居所が悪い（　）
(23) **馬脚**を露《あらわ》す（　）
(24) **蛇**に見こまれた**蛙**《かえる》（　）

ア こわい物の前で身がすくむさま。
イ 酔っぱらう。
ウ ばけの皮がはがれる。
エ 不機嫌なさま。

(25) **狐**の嫁入り（　）
(26) **猫**に紙袋（　）
(27) **蛙**の目借りどき（　）
(28) **鳩**に豆鉄砲（　）

ア 春の眠い時期。
イ あとずさりするさま。
ウ 日照り雨。
エ 驚いてきょとんとしたさま。

(29) **鯉**の滝登り（　）
(30) **猫**も杓子《しゃくし》も（　）
(31) 獅子《しし》身中の**虫**（　）
(32) **閑古鳥**が鳴く（　）

ア 不景気でさびしいさま。
イ 何もかもすべて。
ウ 内部にいてわざわいをなすもの。
エ 立身出世のたとえ。

2 慣用句 次の空欄に当てはまる語を後から選んで書け。

(1) ただの□ではない（油断できない者だ）
(2) □の目鷹の目（物をさがす鋭い目つき）
(3) □も食わぬ（全く相手にされない）
(4) □の髪（黒くてつややかな髪）
(5) □の夫婦（妻が夫より大きい夫婦）
(6) □の子（大切に秘蔵するもの）
(7) はきだめに□（場に不相応な立派な人）
(8) □の涙（ほんのわずかなこと）
(9) □の手も借りたい（非常に忙しいさま）
(10) 月夜の□（内容の乏しいこと）
(11) □寝入り（眠ったふりをすること）
(12) □も殺さぬ（おとなしく上品なさま）
(13) 生き□の目を抜く（すばしこいさま）

犬　猫　馬　鼠《ねずみ》　虎
狸《たぬき》　烏《からす》　雀《すずめ》　鶴　鵜《う》
蚤《のみ》　蟹《かに》　虫

3 ことわざ　次のことわざの意味を各群から選び、記号で答えよ。

(1) 怪我《けが》の功名　（　　）
(2) 二足の草鞋《わらじ》をはく　（　　）
(3) 無用の長物　（　　）
(4) 卵に目鼻　（　　）
(5) 無い袖は振れぬ　（　　）
(6) 元の木阿弥　（　　）

ア 二つの職を兼ねる。
イ 思いがけぬことが手柄になる。
ウ 大きいくせに役に立たない物。
エ 何とかしてやりたくても、無いものはしかたがない。
オ 愛らしい顔の形容。
カ ふたたび以前のつまらぬ状態に戻るさま。

(7) 子はかすがい　（　　）
(8) 盗人に追い銭　（　　）
(9) 焼け石に水　（　　）
(10) 悪銭身につかず　（　　）
(11) 柳に雪折れなし　（　　）
(12) 火のない所に煙は立たぬ　（　　）

ア 無理をしなければ安全に生きてゆける意。
イ 労力をかけても効果がないさま。
ウ 子は夫婦仲を結びつける。
エ 悪事でかせいだ金はすぐなくなること。
オ 噂が出るからには根拠となる事実があるはずだ。
カ 損の上に損を重ねること。

(13) 士族の商法　（　　）
(14) 暖簾《のれん》に腕押し　（　　）
(15) 勘定合って銭足らず　（　　）
(16) あばたもえくぼ　（　　）
(17) 親は泣き寄り　（　　）
(18) 盗人を捕らえて縄をなう　（　　）

ア 準備しないで、いざというときうろたえるさま。
イ 手ごたえのないさま。
ウ 手馴れぬ商売で失敗をすること。
エ 理論と実際とが一致しないさま。
オ 血縁の者は不幸の時にも頼りになるものだ。
カ 愛する人に対しては、欠点までも美点に見えること。

(19) 乗りかかった船　（　　）
(20) 岡目八目　（　　）
(21) 弱りめにたたりめ　（　　）
(22) はだしで逃げる　（　　）
(23) 住めば都　（　　）
(24) 人の褌《ふんどし》で角力《すもう》をとる　（　　）

ア 局外者のほうが当事者よりもよく情勢がわかること。
イ 不運に不運が重なること。
ウ 自分の住む所が一番よいこと。
エ 他人の物を利用して自分のことに役立てる。
オ すでに手がけたので、あとへは引けぬさま。
カ とてもかなわない。

(25) 対岸の火事　（　　）
(26) ことばは国の手形　（　　）
(27) あと足で砂をかける　（　　）
(28) 紺屋のあさって　（　　）
(29) 話半分　（　　）
(30) 枯れ木も山のにぎわい　（　　）

ア 恩知らずの別れかたをするさま。
イ 約束期日があてにならず、延期しがちなこと。
ウ ことばの訛《なま》りはその人の出身地を示すもの。
エ 直接自分に利害関係のないこと。
オ つまらぬものでもないよりましだの意。
カ 事実は半分程度の誇張された話。

(31) 高嶺《たかね》の花　（　　）
(32) 雨降って地固まる　（　　）
(33) うどの大木　（　　）
(34) 象牙の塔にこもる　（　　）
(35) 腹も身のうち　（　　）
(36) 濡れぬ先こそ露をもいとえ　（　　）

ア もめごとのあと物事が落ち着くこと。
イ 大きいばかりで役に立たないこと。
ウ 学者が俗世間を離れて研究ばかりするさま。
エ 身にけがれのないうちに十分に自重せよ。
オ 食べすぎを戒めることば。
カ あこがれても手に入らぬもの。

9 漢字・言葉

カラー便覧ページ 107〜108 206〜209 496〜497
新訂便覧ページ 228〜233 581〜582

1 現代文重要語彙 次の各問いに答えよ。

(1) 次の語句の読みを書け。

① 衒学的［　　］
② 淘汰［　　］
③ 諧謔［　　］
④ 自家撞着［　　］
⑤ 抒情［　　］
⑥ 演繹［　　］
⑦ 敷衍［　　］
⑧ 諷喩［　　］
⑨ 範疇［　　］
⑩ 措定［　　］
⑪ 間主観性［　　］
⑫ 耽美［　　］
⑬ 厭世主義［　　］

(2) 次の語句の同意語を語群から選び、記号で答えよ。

① 時代錯誤（　　）
② 哀愁、哀感（　　）
③ 隠喩、暗喩（　　）
④ パラドックス（　　）
⑤ マクロ（　　）

ア ペーソス　イ アナクロニズム
ウ メタファー　エ 巨視的　オ 逆説

(3) 次の語句の意味を後の選択肢から選び、記号で答えよ。

① 詭弁《きべん》（　　）
② エピゴーネン（　　）
③ イデア（　　）
④ ストイック（　　）
⑤ エポックメーキング（　　）

ア 道理に合わない弁論。
イ 克己的。禁欲的。
ウ 他人の思想や芸術などの追随者。
エ 理性による最高の考え。理念。観念。
オ 画期的。

3 和漢主要名数 次の空欄に当てはまる語句を後から選び、各組の語句の名数を書け。

(1) 松島・□・天の橋立（　　）［　　］
(2) 嵯峨天皇・橘逸勢・□（　　）［　　］
(3) 東海道・中山道・日光街道・□・甲州街道（　　）［　　］
(4) 僧正遍昭・在原業平・文屋康秀・喜撰法師・□・大友黒主（　　）［　　］
(5) 大黒天・恵比寿・弁財天・毘沙門天・□・布袋和尚・福禄寿（　　）［　　］
(6) 古今集・後撰集・拾遺集・後拾遺集・金葉集・□・千載集・新古今集（　　）［　　］

ア 奥州街道　イ 寿老人　ウ 空海
エ 小野小町　オ 金槐集　カ 厳島
キ 藤原定家　ク 詞花集　ケ 最澄

2 現代文重要語彙　次の説明に当てはまる語句を各群から選び、記号で答えよ。

(1) 警句。格言。簡潔な言葉でうまく真理を表現したもの。（　　）

(2) 理性。思考能力。論理。↕パトス（　　）

(3) 全体に広く行き渡ること。すべてのものに共通してあること。（　　）

(4) 主観主義的傾向の近代主義の後を担うもの。（　　）

(5) 基準。範例。体系を構成する枠組みや座標となるもの。（　　）

(6) はっきりした形がないもの。精神的なもの。超自然であり、理性的思惟、あるいは独特な直観によってとらえられるとされるもの。（　　）

(7) あらゆる現象は自然力の作用とする説。芸術作品では作品の与える感銘力、力強さをさす。（　　）

(8) 物事が他との関連・比較において、初めて考えられる様子。↕絶対的（　　）

ア　形而《けいじ》上	イ　パラダイム
ウ　相対的	エ　アフォリズム
オ　ロゴス	カ　ダイナミズム
キ　普遍	ク　ポスト・モダン

(9) 文章の前後のつながり。文脈。（　　）

(10) 精神・機知。機知に富んだ精神の働き。（　　）

(11) 天地創造以前の世界の状態。混沌《こんとん》。大混乱の意味でも使う。（　　）

(12) 根本的。急進的。極端。妥協を排して根本的に物事を処理しようとする傾向。（　　）

(13) 集団をひきつけたり、一般大衆の支持や後援を得たりする非凡な精神力、能力。神秘的な存在。（　　）

(14) 悲劇を見たり、苦悩を表出したりすることにより、心のわだかまりが解消され、一種の快感をおぼえること。（　　）

(15) 世をすねた皮肉な嘲笑的態度。冷笑的。（　　）

(16) 効果的で適切な表現をするための文章や言葉の使い方。それを研究する学問。（　　）

ア　エスプリ	イ　コンテクスト
ウ　カリスマ	エ　ラディカル
オ　シニカル	カ　レトリック
キ　カオス	ク　カタルシス

4 単位　次の単位呼称を例にならって漢字で書き、その読みも答えよ。

〈例〉草・木　一株　ひとかぶ

	漢字	読み
(1) 鏡		
(2) 花		
(3) 簞笥《たんす》		
(4) 羽織		
(5) 家		
(6) 神体		
(7) 豆腐		
(8) 舞		
(9) 弓		
(10) 織物		
(11) 証文		
(12) 謡《うた》いもの		
(13) 硯《すずり》		
(14) 机		

10 漢字・言葉

カラー便覧ページ 484〜495
新訂便覧ページ 564〜580

1 古文重要単語　次の文の太字の単語の意味を各群から選び、記号で答えよ。

(1) いかで都へと**たより**求めしも、ことわりなり。（　　）

(2) いかでなほ少し**ひがこと**見つけてをやまむと、（　　）

(3) 鶯《うぐひす》は、**文**《ふみ》などにもめでたきものに作り、（　　）

(4) **つとめて**になりて、隙《ひま》なくをりつる者ども、一人二人すべり出でて去《い》ぬ。（　　）

ア 早朝・翌朝　イ 悪事・過ち・間違い
ウ よるべ・つて　エ 漢詩・漢文・漢学

(5) 「人の言《こと》にうちなびき、この山里を**あくがれ**給ふな。」（　　）

(6) 京に**思ふ**人なきにしもあらず。（　　）

(7) 名に**めでて**折れるばかりぞをみなへし（　　）

(8) ただこの西面《にしおもて》にしも、持仏据ゑ奉りて**おこなふ**尼なりけり。（　　）

ア 感動する・心がひかれる　イ さまよい出る・場所を離れる
ウ 仏道修行をする・勤行する　エ 愛する・いとおしむ

(9) なびく気色もなかりしが、**さすがに**情けに弱る心にや、（　　）

(10) 軽々しきやうなりと、**せめて**思ひ返す。（　　）

(11) 薬も食はず、**やがて**起きも上がらで、病みふせり。（　　）

(12) **おのづから**ことの便りに都を聞けば、（　　）

ア 無理に・強いて　イ たまたま・偶然に
ウ そのまま　エ そうはいうものの・やはり・いかにも

---

(13) **つれづれなれ**ば、夕暮れのいたう霞《かす》みたるにまぎれて、（　　）

(14) 昔、男、**ねんごろに**、いかでと思ふ女ありけり。（　　）

(15) これをかなしと思ふらむは、親なればぞかしと**あはれなり**。（　　）

(16) わづかに二つの矢、師の前にて一つを**おろかに**せむと思はむや。（　　）

ア 手持ちぶさただ・所在なく退屈だ　イ おろそかだ・いい加減だ
ウ しみじみと心打たれる　エ 熱心だ・ていねいだ

(17) **おぼつかなき**もの。十二年の山ごもりの法師の女親《めおや》。（　　）

(18) かきつばたいと**おもしろく**咲きたり。（　　）

(19) 「例の心なしのかかるわざをしてさいなまるるこそ、いと**心づきなけれ**。」（　　）

(20) ものうち言ひたるけはひ、あな心苦しと、ただいと**らうたく**見ゆ。（　　）

ア 趣がある・美しい・興味深い　イ はっきりしない・不安だ
ウ かわいい・いとしい　エ 気に食わない・不快だ

(21) 年のほどよりは、いと**おとなしく**心にくきさまして、（　　）

(22) あはれに**すきずきしかり**けることどもかな。（　　）

(23) 遅桜《おそざくら》、またすさまじ。虫のつきたるも**むつかし**。（　　）

(24) さるべき人々、「**ゆかしき**ことかな。」とささめき合ひたり。（　　）

ア 気味が悪い　イ 見たい・聞きたい・知りたい
ウ きわめて風流だ　エ 大人びている

2 古文重要単語 次の文の太字の単語の意味を後から選び、記号で答えよ。

(1) 「花の名は人めきて、かう**あやしき**垣根になむ咲き侍りける。」
ア 奇妙だ・奇怪だ　イ 粗末だ　（　　）

(2) 人は、形・ありさまのすぐれたらむこそ、**あらまほしかる**べけれ。
ア 望ましい・理想的だ　イ そうありたい　（　　）

(3) 「**いかに**、殿ばら、殊勝のことは御覧じとがめずや。」
ア どのように・なぜ　イ もしもし・これこれ　（　　）

(4) 抜かむとするに、**おほかた**抜かれず。
ア 大体・一般に　イ 少しも・全く　（　　）

(5) 園の別当入道は、**さうなき**庖丁者《はうちやうじや》なり。
ア 比類ない　イ どれとも定まらない・無造作だ　（　　）

(6) 太政大臣にて二年、世を**しらせ**給ふ。
ア わかる・見分ける　イ 領有する・治める　（　　）

(7) なべてならぬ法ども行はるれど、さらにその**しるし**なし。
ア 効き目・効果　イ 前兆・きざし　（　　）

(8) 立てこめたる所の戸、**すなはち**ただ開きに開きぬ。
ア すぐに・ただちに　イ つまり・そこで　（　　）

(9) 人の歌の返し**とく**すべきを、えよみ得ぬほども心もとなし。
ア 早い・機敏だ　イ するどい　（　　）

3 古文重要単語 次の意味を持つ古語を後から選び、記号で答えよ。

(1) ①みっともない・苦々しい　②気の毒だ・はらはらする　③きまりが悪い・具合が悪い　（　　）

(2) ①驚いたことだ・あきれたことだ・意外だ　②嘆かわしい　（　　）

(3) ①お仕え申し上げる・伺候する　②あります・ございます　③…です・…ます・…でございます　（　　）

(4) ①捨てておけない　②高貴だ　（　　）

ア やむごとなし　イ かたはらいたし
ウ さぶらふ　エ あさまし

4 古文重要単語 次の太字の単語の意味と、その反意語を各群から選び、記号で答えよ。

(1) この君、いと**あてなる**に添へて愛敬《あいぎやう》づき、
意味（　　）　反意語（　　）

(2) かぐや姫の、皮衣を見ていはく、「**うるはしき**皮なめり。」
意味（　　）　反意語（　　）

(3) なんぞただ今の一念において、ただちにすることのはなはだ**かたき**。
意味（　　）　反意語（　　）

(4) 右大臣は、**才**《ざえ》よにすぐれ、めでたくおはしまし、
意味（　　）　反意語（　　）

(5) いと**まめに**実用《じちよう》にて、あだなる心なかりけり。
意味（　　）　反意語（　　）

〈意味〉
ア 学問。特に漢学・学識　イ 上品だ　ウ 見事だ
エ 難しい・困難だ　オ まじめだ

〈反意語〉
カ あだなり　キ やまとだましひ　ク らうがはし
ケ やすし　コ いやし

11 漢字・言葉

カラー便覧ページ 498〜511
新訂便覧ページ 583〜597

1 文語文法 次の文を自立語と付属語に分けよ。

・翁、竹を取ること久しくなりぬ。

自立語	付属語

2 文語文法 次の用言の活用表を完成させよ。

基本形	語幹	未然形	連用形	終止形	連体形	已然形	命令形
蹴る	（け）			ける			
来	（く）			く			（こよ）
す	（す）			す			
よし				し			
静かなり				なり			（なれ）

3 文語文法 次の助動詞の活用表を完成させよ。

助動詞の種類		未然形	連用形	終止形	連体形	已然形	命令形
打消	ず			ず			
過去	き	（せ）	○	き			○
完了	つ			つ			
推量	べし			べし			○
断定	なり			なり			（なれ）

4 文語文法 次の空欄に、太字の語句を文法的に説明せよ。

語	用例	識別
せ	こころよげに笑は**せ**給ふ。 照りも**せ**ず曇りも果てぬ月。 雨降り**せ**ばうれしからまし。 姿は闇に消え失**せ**にけり。	(1)［　　］。 サ変動詞「す」の未然形。 (2)［　　］。 動詞「失す」の活用語尾。
なむ	母**なむ**宮なりける。 桜花咲かば咲か**なむ**。 春さらば花も咲き**なむ**。 日暮れぬ。とく往**なむ**。	強意の係助詞「なむ」。 (3)［　　］。 (4)［　　］。 ナ変動詞「往ぬ」の活用語尾＋意志の助動詞。
に	この年二月**に**みまかりぬ。 遠く訪ひし**に**留守なりき。 そはいみじき笛**に**候ふ。 高砂の尾上《をのへ》の桜咲き**に**けり 心静か**に**念仏を唱ふ。 無常の風たちまち**に**至る。	格助詞。 接続助詞。逆接の確定条件。 (5)［　　］。 完了の助動詞「ぬ」の連用形。 (6)［　　］。 副詞「たちまちに」の一部。

(1)	(3)	(5)
(2)	(4)	(6)

5 文語 太字の部分を口語訳せよ。

(1) かぐや姫少しあはれと**おぼしけり**。

(2) 親王に、右馬頭《うまのかみ》、大神酒《おほみき》**参る**。

(1)	(2)

6 口語文法 次の太字の副詞に呼応する語句を下から選び、記号で答えよ。

(1) 僕は**決して**友達を裏切ら□。（　）
(2) **まさか**期限に遅れはし□。（　）
(3) **なぜ**同意しないの□。（　）
(4) **もし**優勝し□、食事をおごるよ。（　）
(5) **たぶん**明日は晴れる□。（　）
(6) **どうぞ**こちらにお掛け□。（　）
(7) 当選したなんて、**まるで**夢の□。（　）

ア か
イ だろう
ウ まい
エ たら
オ ようだ
カ ください
キ ない

7 口語文法 次の各文から、①連体詞と、②感動詞を抜き出して書け。

(1) ええ、あれがわが母校です。 ①　②
(2) まあ、たいした人気だこと。 ①　②
(3) こら、小さな声で話しなさい。 ①　②

8 口語文法 次の空欄に適切な接続詞を下から選び、記号で答えよ。

(1) かぜを引いた。□学校を休んだ。（　）
(2) 懸命に走った。□遅刻した。（　）
(3) バスに乗った。□歩いた。（　）
(4) 赤か青、□白のシャツを着よう。（　）
(5) 明日は試合だ。□雨なら中止だ。（　）
(6) 全員集まったね。□始めようか。（　）

ア それから
イ さて
ウ あるいは
エ だが
オ もっとも
カ だから

9 口語文法 次の空欄に、太字の語句を文法的に説明せよ。

語	用例	識別
させる	朝早く掃除を**させる**。 カラー写真を写**させる**。 生徒に古美術を見**させる**。	サ変動詞の未然形「さ」＋使役の助動詞。 (1)□。 使役の助動詞。
ない	本を読む時間が**ない**。 ちっとも本を読ま**ない**。 どうも合格はおぼつか**ない**。	形容詞。 (2)□。 形容詞「おぼつかない」の一部。
よう	ゆっくり話をし**よう**。 君の**よう**な人ははじめてだ。 あとで教員室に来る**ように**。	意志の助動詞。 (3)□。 終助詞「ように」の一部。軽い命令。
らしい	また物価が上がる**らしい**。 いかにも男**らしい**男だ。	(4)□。 形容詞「男らしい」をつくる接尾語。

(1)	(3)
(2)	**(4)**

10 口語文法 次の太字の部分を指示に従って書き改めよ。

(1) 森先生が彼にそう**言った**。（尊敬表現に）
(2) 私が森先生にそう**言った**。（謙譲表現に）
(3) 私が森先生にそう**話す**。（丁寧表現に）

カラー便覧ページ	新訂便覧ページ
22〜45	18〜35 37〜43

1 平安京

空欄A〜Cに適切な語句を書き、空欄①〜⑥には適切なものを後から選び、記号で答えよ。

(1) 中央を南北に貫く朱雀《すざく》大路で［A］と［B］に二分され、大路と小路で碁盤目《ごばんめ》状に区画する（①）が取り入れられた。

(2) ［C］の中にある（②）は、平安京の正庁であり、（③）はその正殿である。

(3) ［C］には天皇が日常生活を行う（④）があり、そこには中心となる正殿の（⑤）や、天皇が居住する（⑥）などの殿舎がある。

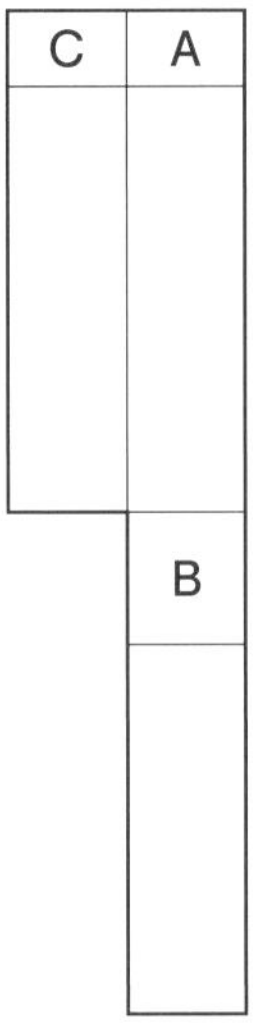

① （　　）　② （　　）　③ （　　）
④ （　　）　⑤ （　　）　⑥ （　　）

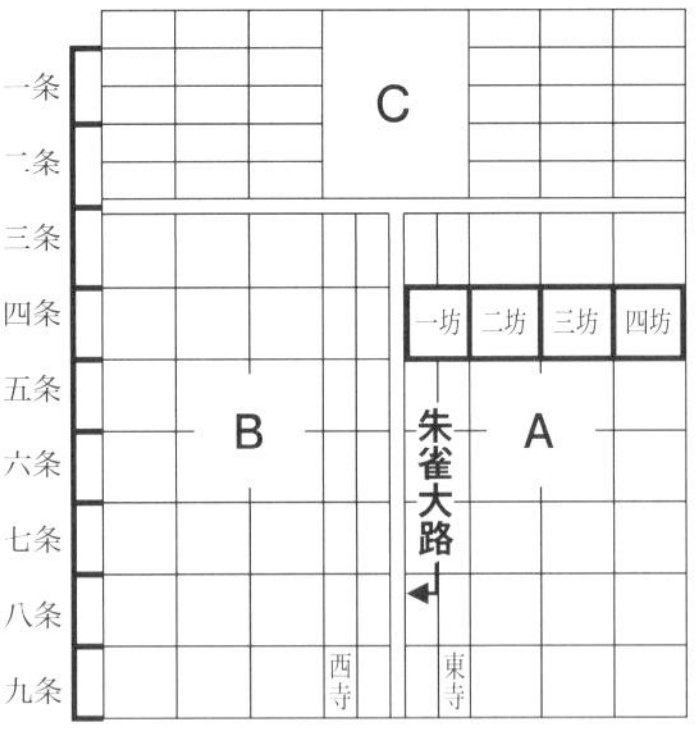

ア 内裏　イ 朝堂院　ウ 大極殿　エ 清涼殿　オ 紫宸殿《ししんでん》　カ 条坊制

2 住居

次の各問いに答えよ。

(1) 空欄A〜Dに適切な語句を後から選び、記号で答えよ。

① 寝殿造は貴族住宅の建築様式で、寝殿と呼ぶ建物の東西には［A］があり、寝殿と［A］の間は［B］という廊下でつなぐ。

② 寝殿の南庭には池を掘り、池には中島・橋・［C］を設けるのを普通とした。

③ 寝殿の屋根は［D］と呼ばれ、母屋《もや》の屋根の周囲に廂《ひさし》の屋根を加えた。

ア 築地《ついじ》　イ 釣殿《つりどの》　ウ 対屋《たいのや》　エ 渡殿《わたどの》　オ 簀子《すのこ》　カ 入母屋造《いりもやづくり》

A（　　）　B（　　）　C（　　）　D（　　）

(2) 次の説明に当てはまるものを後から選び、記号で答えよ。

① 板や竹で、間を透かして作った垣根。（　　）

② 柴《しば》や竹などで粗く編んで作った垣根。（　　）

③ 板に格子を組んだ建具を、外部から室内が見えないように立てたもの。（　　）

ア 立部《たてじとみ》　イ 打橋《うちはし》　ウ 透垣《すいがい》　エ 籬《まがき》　オ 小柴垣《こしばがき》

3 調度

次の説明に当てはまる調度を後から選び、記号で答えよ。

(1) 食物や杯などを載せる、薄板で作った縁のある盆。（　　）

(2) 木製の丸火鉢。（　　）

(3) 角形の座布団。（　　）

(4) T字型の台に布を垂らし、室内に立てた仕切り。持ち運びができる。（　　）

(5) 母屋と廂、廂と簀子との境に垂らす、竹で編んだ簾《すだれ》。（　　）

(6) 衣類などを収める六脚の箱。（　　）

(7) 火桶《ひおけ》の上にかぶせて衣類を乾かしたり、香をたきしめたりするのに使うかご。

(8) 洗顔・手洗い・口すすぎ・鉄漿《かね》付け用の湯や水を入れる器。（　　）

(9) 松材の先に油を塗り、握り手を紙で巻く。屋内用。（　　）

(10) 皿の油に灯心を浸し、火をともす。屋内用。（　　）

ア 御簾《みす》　イ 几帳《きちょう》　ウ 褥《しとね》　エ 唐櫃《からびつ》　オ 火桶　カ 角盥《つのだらい》　キ 伏籠《ふせご》　ク 折敷《おしき》　ケ 瓶子《へいじ》　コ 灯台　サ 紙燭《しそく》

4 服装 空欄に当てはまる説明文を後から選び、記号で答えよ。

束帯《そくたい》	①（　　）
直衣《のうし》	公家男子の略装。烏帽子をかぶり、袍の色は位階による規定がない。
衣冠	②（　　）
狩衣《かりぎぬ》	③（　　）
女房装束《にょうぼうしょうぞく》	男子の束帯に対する女子の正装。
直垂《ひたたれ》	④（　　）
素襖《すおう》	直垂の一種で、江戸時代は六位以下の式服とされた。
肩衣《かたぎぬ》	⑤（　　）
小袖《こそで》	⑥（　　）

ア　指貫《さしぬき》をはき、笏《しゃく》・石帯《せきたい》を省いた略装。
イ　鎌倉時代の武士の通常服。室町時代には帷子《かたびら》を重ね、袴《はかま》を履いて礼装とした。
ウ　階層や男女を問わず着用した、江戸時代の中心的衣服。
エ　公家男子の正装で、参朝のほか、公事・儀式の際に着用。袍《ほう》の色や下襲《したがさね》の裾《きょ》の長さは位階によって異なる。
オ　武士の普通礼装で、節日には大名も着用。
カ　鷹狩《たかがり》・蹴鞠《けまり》などの際に着用。やがて平服とも、六位以下の正装ともなる。

5 楽器・舞楽・娯楽 次の各問いに答えよ。

(1) 次の説明に当てはまる楽器を後から選び、記号で答えよ。

① 通常四弦。胴は平たく長さ60~90センチ。ばちで弦を弾く。（　　）
② 雅楽器。長さ約18センチの竹管。表に7孔、裏に2孔ある。（　　）
③ 円形の枠の中に吊《つ》り、二本のばちで打つ。（　　）

ア　篳篥《ひちりき》　イ　琵琶《びわ》　ウ　釣太鼓《つりだいこ》

(2) 次の説明に当てはまる舞楽・雅楽を後から選び、記号で答えよ。

① 四十人の垣代《かいしろ》（助演者）の輪の中から舞人二人が舞い出る。（　　）
② 鳥の翼をつけ、銅拍子《どびょうし》を持ち、四人で舞う童舞。（　　）
③ 四人によって舞われる武の舞で、太刀や鉾《ほこ》を手にする勇壮な舞。（　　）

ア　太平楽《たいへいらく》　イ　迦陵頻《かりょうびん》　ウ　青海波《せいがいは》

(3) 次の説明に当てはまる遊戯を漢字で書け。

① 数人で鞠を蹴り上げ、地に落とさないように足で受け渡しをする遊戯。［　　］
② 左右に分かれた詠者の歌を合わせ、判者が判定して優劣を競う文学遊戯。［　　］

6 貴族の生活 次の各問いに答えよ。

(1) 空欄に当てはまる儀式を後から選び、記号で答えよ。

年齢	男子	女子
三~五歳	①（　　）	
十一~十五歳	②（　　）	
十三~十五歳		③（　　）

ア　袴着《はかまぎ》（着袴《ちゃくこ》）　イ　裳着《もぎ》
ウ　初冠《ういこうぶり》・初元結《はつもとゆい》（元服）

(2) 次の信仰上の行為を何というか、後から選び、記号で答えよ。

① 指で印《いん》を結び、呪《じゅ》を唱えて仏の力を招き寄せること。または、息災・増益・敬愛・調伏《ちょうぶく》などを願う行為。（　　）
② 災いを避けるために、陰陽師《おんみょうじ》の占いによって行った護身行為。（　　）
③ あらかじめ適当な場所へ宿泊し、忌むべき方角を避けること。（　　）

ア　物忌み　イ　物詣《ものもう》で
ウ　加持・祈禱《きとう》　エ　方違《かたたが》え

13 古文常識

カラー便覧ページ 54〜70 後見返し
新訂便覧ページ 50〜65 後見返し

1 自然・生活

表を参考にして、次の各問いに答えよ。

一月	二月	三月	四月	五月	六月	七月	八月	九月	十月	十一月	十二月
（七日）人日 A 県召除目《あがためしのじもく》	（十五日）B 涅槃会《ねはんえ》 （春分の日）彼岸会	（三日）上巳《じょうし》	（一日）更衣《ころもがえ》 （八日）C 灌仏会《かんぶつえ》	（五日）端午	（晦日《みそか》）大祓《おおはらえ》	（七日）七夕 （十五日ごろ）盂蘭盆《うらぼん》	（十五日）仲秋観月《ちゅうしゅうかんげつ》 （秋分の日）彼岸会	（九日）重陽 D 司召除目《つかさめしのじもく》	（一日）更衣	（十五日）子供宮参り （中の卯の日）新嘗祭り《にいなめまつり》	（十三日）事始め （晦日）大祓

(1) 五節句をすべて抜き出せ。

(2) 春と秋の七草を後から選べ。

春（　　）
秋（　　）

ア ほとけのざ　イ ふじばかま
ウ おみなえし　エ ごぎょう
オ はこべら　カ すずしろ
キ あさがお　ク なでしこ
ケ なずな　コ すずな　サ はぎ
シ おばな　ス せり　セ くず

(3) A・Dのうち、地方官が任命されたのはどちらか。（　　）

(4) B・Cのうち、釈迦《しゃか》降誕を祝う法会はどちらか。（　　）

(5) 四季を代表する鳥を後から二つずつ選べ。

春（　・　）夏（　・　）
秋（　・　）冬（　・　）

ア うぐいす　イ ほととぎす
ウ ちどり　エ さぎ　オ きじ
カ うずら　キ かり　ク たず

2 暦法

次の各問いに答えよ。

(1) 図中のA〜Dの方位の読みを書け。

(2) 陰陽道で「鬼門」と言われる方位はA〜Dのどれか。

(3) 「卯の刻」を、別の呼び方で答えよ。

(1) A	(1) C	(2)
(1) B	**(1) D**	**(3)**

(4) 一月から十二月までの月の異名の読みを書け。

一月	四月	七月	十月
睦月	卯月	文月	神無月
二月	**五月**	**八月**	**十一月**
如月	皐月	葉月	霜月
三月	**六月**	**九月**	**十二月**
弥生	水無月	長月	師走

(5) 次に記したころの月の名称を書け。

① 一日ごろ
② 十五日ごろ
③ 十七日ごろ
④ 二十二日ごろ

(6) 次の日付に近い時期の二十四節気を漢字で書け。

① 二月四日
② 八月八日

3 律令官制 次の各問いに答えよ。

(1) 図中のA～Fに当てはまる官職名を書け。

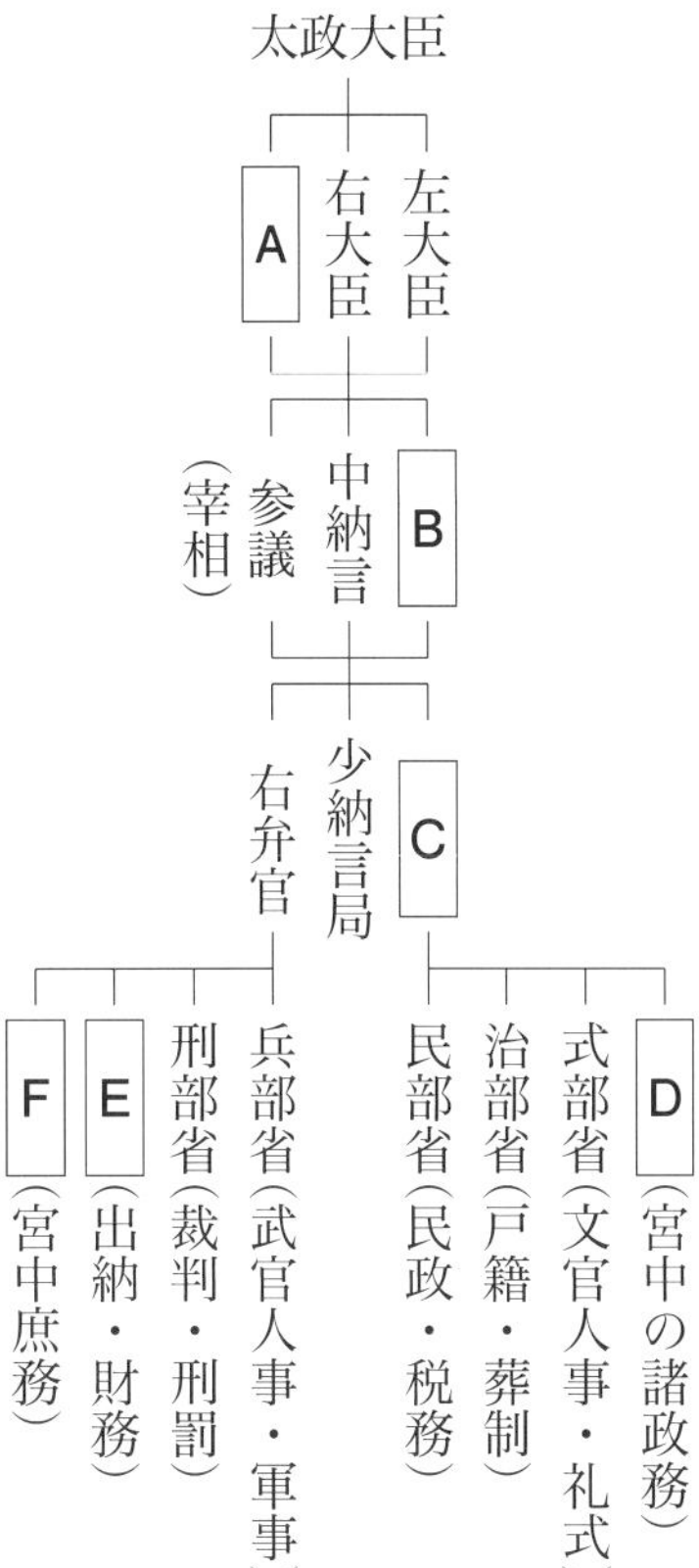

A	B	C
D	E	F

(2) 次の説明に当てはまる語句を後から選び、記号で答えよ。

① 大臣・納言・参議、および三位以上の人。（　　）
② 四位・五位の昇殿を許された者の通称。（　　）
③ 現任の官職なしで位階だけの人。（　　）
④ 天皇幼少時に置かれる、律令官制外の最高の地位。（　　）
⑤ 「参議」の中国風の呼び方。（　　）

ア 宰相《さいしょう》　イ 蔵人《くろうど》　ウ 散位《さんに》　エ 殿上人《てんじょうびと》
オ 公卿《くぎょう》　カ 衛門府《えもんふ》　キ 兵衛府《ひょうえふ》　ク 摂政《せっしょう》

(3) 父祖の位階によって、その子や孫が一定の位からスタートすることができた制度を何というか。

（　　　　）

4 旧国名 次の各問いに答えよ。

(1) 次の国名の読みを答えよ。

① 陸奥　② 下野　③ 安房　④ 遠江　⑤ 但馬
⑥ 美作　⑦ 周防　⑧ 長門　⑨ 日向　⑩ 上総
⑪ 若狭　⑫ 河内　⑬ 因幡　⑭ 阿波　⑮ 対馬

①	④	⑦	⑩	⑬
②	⑤	⑧	⑪	⑭
③	⑥	⑨	⑫	⑮

(2) 次の国名はどの地域に属するか、後から選び記号で答えよ。

① 加賀（　）　② 石見（　）　③ 讃岐（　）
④ 三河（　）　⑤ 備前（　）　⑥ 美濃（　）
⑦ 大和（　）　⑧ 越前（　）　⑨ 筑前（　）
⑩ 羽前（　）　⑪ 伊勢（　）　⑫ 紀伊（　）

ア 東海道　イ 山陽道　ウ 北陸道　エ 畿内
オ 西海道　カ 山陰道　キ 南海道　ク 東山道

(3) 次の説明に当てはまる旧国名を答えよ。

① 現在の熊本県。
② 現在の富山県。
③ 現在の長野県。
④ 現在の宮城県と岩手県にまたがる国。

①	②	③	④

カラー便覧ページ 166〜181
新訂便覧ページ 180〜197

1 **百人一首** 次の和歌の下の句を各群から選び、記号で答えよ。

(1) 秋の田のかりほの庵《いほ》の苫《とま》をあらみ（　）
(2) 春過ぎて夏来にけらし白妙《しろたへ》の（　）
(3) あしびきの山鳥の尾のしだり尾の（　）
(4) 田子の浦にうちいでて見れば白妙の（　）
(5) 天の原ふりさけ見れば春日なる（　）
(6) 花の色はうつりにけりないたづらに（　）

ア 三笠の山にいでし月かも
イ 富士の高嶺《たかね》に雪は降りつつ
ウ わが衣手《ころもで》は露にぬれつつ
エ 衣ほすてふ天《あま》の香具山《かぐやま》
オ わが身よにふるながめせしまに
カ ながながし夜をひとりかも寝む

(7) 人はいさ心もしらずふるさとは（　）
(8) あらざらむこの世のほかの思ひ出に（　）
(9) めぐりあひてみしやそれともわかぬまに（　）
(10) 大江山いく野の道の遠ければ（　）
(11) 夜をこめて鳥のそらねははかるとも（　）
(12) 玉の緒よたえなばたえねながらへば（　）
(13) こぬ人をまつほの浦の夕なぎに（　）

ア 雲隠れにし夜半《よは》の月かな
イ まだふみも見ず天《あま》の橋立《はしだて》
ウ いまひとたびのあふこともがな
エ 花ぞ昔の香《か》ににほひける
オ 忍ぶることの弱りもぞする
カ 焼くやもしほの身もこがれつつ
キ よに逢坂《あふさか》の関はゆるさじ

(14) 朝ぼらけ宇治の川霧たえだえに（　）
(15) あらしふく三室の山のもみぢばは（　）
(16) あけぬれば暮るるものとはしりながら（　）
(17) わびぬればいまはたおなじ難波なる（　）
(18) わたの原こぎいでてみれば久方の（　）
(19) ひさかたの光のどけき春の日に（　）
(20) 八重むぐらしげれる宿のさびしきに（　）

ア なほうらめしき朝ぼらけかな
イ みをつくしてもあはむとぞ思ふ
ウ しづ心なく花のちるらむ
エ 竜田の川の錦《にしき》なりけり
オ あらはれわたる瀬々《せぜ》の網代木《あじろぎ》
カ 人こそ見えね秋は来にけり
キ 雲ゐにまがふ沖つ白波

2 **百人一首** **1**の(1)〜(13)の和歌の作者名を下から選び、記号で答えよ。

(1)（　） (2)（　） (3)（　） (4)（　） (5)（　） (6)（　） (7)（　） (8)（　） (9)（　） (10)（　） (11)（　） (12)（　） (13)（　）

ア 山部赤人《やまべのあかひと》
イ 持統天皇《じとう》
ウ 安倍仲麻呂《あべのなかまろ》
エ 柿本人麻呂《かきのもとのひとまろ》
オ 天智天皇《てんじ》
カ 小野小町《おののこまち》
キ 式子内親王《しょくし》
ク 藤原定家《ふじわらのさだいえ》
ケ 清少納言《せいしょうなごん》
コ 紀貫之《きのつらゆき》
サ 紫式部《むらさきしきぶ》
シ 和泉式部《いずみしきぶ》
ス 小式部内侍《こしきぶのないし》

3 **百人一首** **1**の(14)・(16)・(18)・(20)の和歌の「きまり字」（そこまで聞けば歌を確定できる字）を平仮名で書け。

(14)（　） (16)（　） (18)（　） (20)（　）

(21) いにしへの奈良の都の八重桜 (　　)
(22) 音にきくたかしの浜のあだ波は (　　)
(23) 長からむ心もしらず黒髪の (　　)
(24) みちのくのしのぶもぢずり誰《たれ》ゆゑに (　　)
(25) 難波江《なにはえ》の葦《あし》のかりねのひとよゆゑ (　　)
(26) 風そよぐならの小川の夕ぐれは (　　)
(27) 立ちわかれいなばの山の峰に生《お》ふる (　　)

ア かけじや袖《そで》のぬれもこそすれ
イ けふ九重ににほひぬるかな
ウ みをつくしてや恋ひわたるべき
エ まつとし聞かば今帰り来む
オ 乱れそめにしわれならなくに
カ みだれてけさは物をこそ思へ
キ みそぎぞ夏のしるしなりける

(28) 滝の音はたえて久しくなりぬれど (　　)
(29) 高砂《たかさご》のをのへの桜咲きにけり (　　)
(30) 瀬をはやみ岩にせかるる滝川の (　　)
(31) きりぎりす鳴くや霜夜のさむしろに (　　)
(32) 春の夜のゆめばかりなる手枕《たまくら》に (　　)
(33) 奥山にもみぢふみわけなく鹿の (　　)
(34) 夕されば門田《かどた》の稲葉おとづれて (　　)
(35) これやこの行くも帰るもわかれては (　　)

ア 葦のまろやに秋風ぞ吹く
イ 知るも知らぬもあふ坂の関
ウ かひなくたたむ名こそをしけれ
エ 名こそ流れてなほ聞こえけれ
オ 衣かたしきひとりかも寝む
カ 外山《とやま》のかすみたたずもあらなむ
キ われても末にあはむとぞ思ふ
ク 声聞く時ぞ秋はかなしき

(36) 淡路島《あはぢしま》かよふ千鳥のなく声に (　　)
(37) 天つ風雲のかよひ路吹きとぢよ (　　)
(38) 世の中はつねにもがもななぎさこぐ (　　)
(39) ちはやぶる神代《かみよ》もきかず竜田川 (　　)
(40) 山里は冬ぞさびしさまさりける (　　)
(41) 人もをし人もうらめしあぢきなく (　　)
(42) 夏の夜はまだ宵ながら明けぬるを (　　)
(43) 花さそふ嵐《あらし》の庭の雪ならで (　　)

ア 幾夜ねざめぬ須磨《すま》の関守《せきもり》
イ あまの小舟《をぶね》のつなでかなしも
ウ ふりゆくものはわが身なりけり
エ 世を思ふゆゑに物思ふ身は
オ 人めも草もかれぬと思へば
カ 雲のいづこに月やどるらむ
キ をとめの姿しばしとどめむ
ク からくれなゐに水くくるとは

4 百人一首 次の和歌の係り結びを、解答欄に合わせて抜き出せ。

(1) わが庵《いほ》は都のたつみしかぞすむ 世をうぢ山と人はいふなり

(2) すみの江の岸に寄る波よるさへや 夢の通ひ路人めよくらむ

(3) 月見ればちぢに物こそかなしけれ わが身ひとつの秋にはあらねど

(4) 浅茅生《あさぢふ》の小野の篠原《しのはら》しのぶれど あまりてなどか人の恋しき

	係り → 結び	
(1)	↓	
(2)	↓	
(3)	↓	
(4)	↓	

5 百人一首 次の和歌の季節を答えよ。

(1) かささぎの渡せる橋におく霜の 白きを見れば夜ぞふけにける

(2) 君がため春の野にいでて若菜つむ わが衣手に雪はふりつつ

(3) ほととぎす鳴きつる方をながむれば ただありあけの月ぞ残れる

(4) 心あてに折らばや折らむ初霜の おきまどはせる白菊の花

(1)	
(2)	
(3)	
(4)	

15 古文常識

カラー便覧ページ 112〜113　156〜157　182〜190
新訂便覧ページ 116〜117　169〜171　198〜210

1 和歌の修辞　次の各問いに答えよ。

(1) 次の和歌に使われている修辞の代表的なものを一つ後から選び、記号で答えよ。

① 山里は冬ぞさびしさまさりける　人めも草もかれぬと思へば（　　）

② 唐衣きつつなれにしつましあれば　はるばるきぬる旅をしぞ思ふ（　　）

③ み熊野の浦の浜木綿《はまゆふ》百重《ももへ》なす　心は思《も》へど直《ただ》に逢はぬかも（　　）

④ あかねさす紫野行き標野《しめの》行き　野守《のもり》は見ずや君が袖振る（　　）

⑤ 心なき身にもあはれは知られけり　鴫《しぎ》立つ沢の秋の夕暮れ（　　）

⑥ 青柳《あをやぎ》の糸よりかくる春しもぞ　乱れて花のほころびにける（　　）

ア 枕詞　イ 序詞　ウ 掛詞
エ 縁語　オ 折句　カ 体言止め

(2) 次の和歌は何句切れか、漢数字で答えよ。

① わが背子《せこ》が帰り来まさむ時のため　命残さむ忘れたまふな

② 何処《いづく》にか船泊《ふなは》てすらむ安礼《あれ》の崎《さき》　漕《こ》ぎ廻《た》み行きし棚《たな》無し小舟《をぶね》

① □句切れ　② □句切れ

2 俳諧の修辞　次の各問いに答えよ。

(1) 次の句の呼び方を後から選び、記号で答えよ。

① 連句の最初の一句目の長句（　　）

② 連句の第二句目の短句（　　）

③ 連句の第三句目の長句（　　）

④ 連句の最後の短句（　　）

⑤ ①〜④以外の句（　　）

ア 第三　イ 挙句　ウ 平句
エ 発句　オ 脇

(2) 発句に用いる修辞を二つ書け。

□
□

(3) 次の表に、（　）に指定した数の切れ字を書き加えよ。

品詞分類	切れ字
助詞（4）	かな　ぞ
助動詞（4）	けり　ぬ
動詞の活用語尾（3）	せ
形容詞の活用語尾（1）	
副詞の一部	（いか）に

(4) 次の句の空欄に入る切れ字を後から選び、記号で答えよ。

① 秋深き隣は何をする人□（　　）

② 牡丹《ぼたん》散ってうち重なり□二三片（　　）

③ 月天心貧しき町を通り□（　　）

④ 梅が香にのつと日の出る山路□（　　）

ア かな　イ ぞ
ウ けり　エ ぬ

3 季語　次の季語の季節を後から選び、記号で答えよ。

(1) 青田（　　）
(2) 入梅（　　）
(3) 炭火（　　）
(4) 紅葉狩《もみじがり》（　　）
(5) 花冷え（　　）
(6) 紫陽花《あじさい》（　　）
(7) 獅子舞《ししまい》（　　）
(8) 鶯《うぐいす》（　　）
(9) 十六夜《いざよい》（　　）
(10) 時雨（　　）
(11) 初富士（　　）
(12) 土用（　　）
(13) 若草（　　）
(14) 朝顔（　　）
(15) 霜柱（　　）
(16) 渡り鳥（　　）

ア 新年　イ 春　ウ 夏
エ 秋　オ 冬

4 古典名歌選　次の和歌の下の句を各群から選び、記号で答えよ。

〈万葉集〉

(1) 夕されば小倉の山に鳴く鹿は（　　）
(2) 東の野に炎《かぎろひ》の立つ見えて（　　）
(3) 淡海《あふみ》の海夕浪千鳥《うみゆふなみちどり》汝《な》が鳴けば（　　）
(4) 銀《しろかね》も金《くがね》も玉も何せむに（　　）
(5) 熟田津《にきたつ》に船乗りせむと月待てば（　　）
(6) 多摩川に曝《さら》す手作りさらさらに（　　）
(7) 韓衣裾《からころむすそ》に取りつき泣く子らを（　　）

ア 潮《しほ》もかなひぬ今は漕《こ》ぎ出《い》でな
イ 情《こころ》もしのに古《いにしへ》思ほゆ
ウ 置きてそ来ぬや母《おも》なしにして
エ かへり見すれば月傾《かたぶ》きぬ
オ 勝《まさ》れる宝子に及かめやも
カ 今夜は鳴かず寝ねにけらしも
キ 何そこの児《こ》のここだ愛《かな》しき

〈古今集・古今集以後〉

(8) 春の日の光にあたる我なれど（　　）
(9) 春雨の降るは涙か桜花（　　）
(10) 君ならで誰にか見せむ梅の花（　　）
(11) 春霞立つを見捨てて行く雁《かり》は（　　）
(12) み吉野の山の白雪積もるらし（　　）
(13) 朝まだき嵐の山の寒ければ（　　）
(14) 鳴けや鳴け蓬《よもぎ》が杣《そま》の蟋蟀《きりぎりす》（　　）

ア ふるさと寒くなりまさるなり
イ かしらの雪となるぞわびしき
ウ 花なき里に住みや慣らへる
エ 散るを惜しまぬ人しなければ
オ 過ぎゆく秋はげにぞ悲しき
カ 色をも香をも知る人ぞ知る
キ 紅葉の錦着ぬ人ぞなき

〈新古今集・その他〉

(15) 山深み春とも知らぬ松の戸に（　　）
(16) 駒とめて袖うち払ふかげもなし（　　）
(17) 移りゆく雲に嵐の声すなり（　　）
(18) 風通ふ寝覚めの袖の花の香に（　　）
(19) 見渡せば山もと霞《かす》む水無瀬川《みなせがは》（　　）
(20) 大海の磯もとどろに寄する波（　　）

ア 佐野の渡りの雪の夕暮れ
イ たえだえかかる雪の玉水
ウ 散るか正木の葛城《かづらき》の山
エ 夕べは秋と何思ひけむ
オ かをる枕の春の夜の夢
カ 割れて砕けて裂けて散るかも

5 古典名句選　次の句の季語と季節を答えよ。

(1) 元朝の見るものにせん富士の山
(2) 荒海や佐渡に横たふ天の河
(3) 五月雨を集めてはやし最上川《もがみがは》
(4) 閑《しづ》かさや岩にしみ入る蟬《せみ》の声
(5) 初時雨猿も小蓑《こみの》をほしげなり
(6) 古池や蛙《かはづ》飛びこむ水の音
(7) 梅一輪一輪ほどのあたたかさ
(8) 長松《ちやうまつ》が親の名で来る御慶《ぎよけい》かな
(9) 下京や雪つむ上の夜の雨
(10) 鳥羽殿へ五六騎急ぐ野分かな
(11) 菜の花や月は東に日は西に
(12) 世の中は三日見ぬ間に桜かな
(13) 朝顔に釣瓶《つるべ》とられてもらひ水
(14) うき人に蚊の口見せる腕《かひな》かな
(15) 我と来て遊べや親のない雀《すずめ》

16 文学史

カラー便覧ページ
76
78
80〜83
84〜89
100〜111
107
114〜117
138〜139
新訂便覧ページ
74〜77
82〜97
104〜111
114〜115
118〜123
146〜147

1 上代〜中古前期

下の各問いに答えよ。

時代	作品（ジャンル）	作者
奈良時代	〈七一〇　平城京に遷都〉	
	古事記（歴史書）	太安万侶
	播磨国［A］（地誌）	編者未詳
	常陸国［A］（地誌）	編者未詳
	日本書紀（歴史書）	舎人親王ら
	出雲国［A］（地誌）	編者未詳
	［B］（漢詩文集）	編者未詳
	万葉集（歌集）	大伴家持ら
平安時代	〈七九四　平安京に遷都〉	
	凌雲集（漢詩文集）	小野岑守ら
	［C］（説話集）	景戒
	性霊集（漢詩文集）	［D］
	〈八九四　遣唐使を停止〉	
	竹取物語（物語）	作者未詳
	古今和歌集（歌集）	紀貫之ら
	伊勢物語（物語）	作者未詳
	土佐日記（日記）	紀貫之
	将門記（軍記物語）	作者未詳
	大和物語（物語）	作者未詳
	平中物語（物語）	作者未詳

(1) 空欄A〜Dに当てはまる語句を書け。

A	C
B	D

(2) 『古事記』について、次の空欄に当てはまる語句を後から選び、記号で答えよ。

七一二年、（①）天皇の下命を受けた（②）が、（③）の誦《よ》み習っていた帝紀・旧辞を筆録して作った。文体は、口承性を生かした（④）、歌謡は「（⑤）」という一字一音式の仮名を用いている。

①（　　）②（　　）③（　　）
④（　　）⑤（　　）

ア 万葉仮名　**イ** 稗田阿礼
ウ 太安万侶　**エ** 元明
オ 変体の漢文体　**カ** 天武

(3) 日本書紀を初めとする勅撰史書を、成立順に並べよ。

ア 続日本紀　**イ** 日本三代実録
ウ 続日本後紀　**エ** 日本後紀
オ 日本文徳天皇実録

日本書紀→（　　）→（　　）→（　　）→（　　）→（　　）

(4) (3)の勅撰史書をまとめて何というか。

(5) 『凌雲集』以後に編纂《へんさん》された勅撰漢詩集を二つ書け。

(6) 「物語の出《い》で来はじめの祖」といわれる作品は何か。

(7) 『伊勢物語』は、誰をモデルにしたといわれているか。

(8) 『伊勢物語』は、あるジャンルを開いた最初の作品といわれる。何というジャンルか。

(9) 『古今集』の冒頭と末尾には、それぞれ何を備えているか。

(10) 男性が女性の筆に仮託し、仮名で書いた最初の日記文学は何か。

2 三大歌集 下の各問いに答えよ。

	撰者	形式・修辞	作歌態度
万葉集	不明（大伴家持説が有力）	⑤が中心 ⑥切れ・四句切れが多い ⑦止めが最も多い ⑧・序詞が多い 長歌では、⑨・反復を多用する	現実生活の感動を⑰に表現して、直感的・具象的。幅広い題材を豊富な用語で詠む。
古今集	紀貫之 凡河内躬恒 ① ②	⑩が増加 ⑪切れが増加 ⑫止めが最も多い ⑬・縁語・比喩中心 ⑭・見立て	生活から遊離し、⑱・遊戯的な傾向。技巧を凝らした、屈折のある表現で美的題材を詠む。
新古今集	③ 藤原有家 ④ 藤原家隆 ら	七五調が中心 三句切れが多い ⑮止めが大変多い 倒置法が多い ⑯が多い 枕詞は少ない	心象を⑲に表現し、美的世界を構成。言葉を韻律的に連ねて華麗で夢幻的な情調を出す。

(1) 空欄①～④に当てはまる撰者を後から選び、記号で答えよ。

①（　　）　②（　　）　③（　　）　④（　　）

ア 源 通具　イ 壬生忠岑　ウ 藤原定家　エ 紀 友則

(2) 空欄⑤～⑲に当てはまる語句を後から選び、記号で答えよ。

⑤（　　）　⑥（　　）　⑦（　　）
⑧（　　）　⑨（　　）　⑩（　　）
⑪（　　）　⑫（　　）　⑬（　　）
⑭（　　）　⑮（　　）　⑯（　　）
⑰（　　）　⑱（　　）　⑲（　　）

ア 五七調　イ 七五調　ウ 体言
エ 助動詞　オ 助詞　カ 二句
キ 三句　ク 対句　ケ 枕詞
コ 掛詞　サ 擬人法　シ 本歌取り
ス 観念的　セ 直線的　ソ 象徴的

(3) ①『万葉集』、②『古今集』、③『新古今集』の歌風を後から選び、記号で答えよ。

①（　　）　②（　　）　③（　　）

ア 艶麗な歌風で余情美を重んじる。
イ 素朴で大らかな「ますらをぶり」。
ウ 優雅で女性的な「たをやめぶり」。

(4) この三つの歌集の主要な歌人をそれぞれ二人ずつ後から選び、記号で答えよ。

① 万葉集（　・　）
② 古今集（　・　）
③ 新古今集（　・　）

ア 坂上郎女　イ 素性法師　ウ 慈円
エ 山上憶良　オ 在原業平　カ 西行

(5) 次の歌の歌体を後から選び、記号で答えよ。

① 短歌（　　）　② 長歌（　　）
③ 連歌（　　）　④ 旋頭歌（　　）
⑤ 仏足石歌（　　）

ア 五・七・七・五・七・七
イ 五・七・五・七……五・七・七
ウ 五・七・五・七・七
エ 五・七・五の長句に七・七の短句で応じる
オ 五・七・五・七・七・七

(6) 古今集から新古今集までの勅撰和歌集を、成立順に並べよ。

ア 千載集　イ 詞花集
ウ 後撰集　エ 後拾遺集
オ 拾遺集　カ 金葉集

古今集→（　　）→（　　）→（　　）→（　　）→（　　）→（　　）→新古今集

17 文学史

カラー便覧ページ
76~77
80~82
86~89
108
114~133
138~142
144~145
新訂便覧ページ
74~77
86~92
94~96
110
118~141
146~151
154~157

1 中古後期 下の各問いに答えよ。

時代	作品	(ジャンル)	作者
平安時代	蜻蛉日記 …a	(日記)	藤原道綱母
	宇津保物語	(物語)	作者未詳
	A	(仏教書)	源信
	〈九九五 藤原道長、内覧(事実上の関白)〉		
	落窪物語	(物語)	作者未詳
	枕草子	(随筆)	清少納言
	和泉式部日記 …b	(日記)	和泉式部か
	源氏物語	(物語)	紫式部
	紫式部日記 …c	(日記)	紫式部
	B	(歌集)	藤原公任
	栄花物語	(歴史物語)	作者未詳
	更級日記 …d	(日記)	C
	堤中納言物語	(物語)	作者未詳
	狭衣物語	(物語)	源頼国女か
	大鏡	(歴史物語)	作者未詳
	俊頼髄脳	(歌論書)	源俊頼
	今昔物語集	(説話集)	編者未詳
	古本説話集	(説話集)	作者未詳
	〈一一六七 平清盛、太政大臣となる〉		
	梁塵秘抄	(歌謡)	D
	E	(歌集)	西行

(1) 空欄A~Eに当てはまる語句を後から選び、記号で答えよ。

A( ) B( ) C( ) D( ) E( )

ア 和漢朗詠集　イ 山家集
ウ 菅原孝標女　エ 往生要集
オ 後白河法皇

(2) 次の説明に当てはまる作品を、表中のa~dから選び、記号で答えよ。

① 敦道親王との恋愛の経緯を、「女」という三人称で歌物語的に回想している。( )

② 兼家の妻として、またひとりの母として生きる女性の心を克明に描いている。( )

③ 中宮彰子の皇子出産前後の宮廷生活と、女房の批評、自分の心境などを綴《つづ》っている。( )

④ 物語にあこがれた少女時代から、宮仕えへの失望、信仰に生きる晩年までを、夢を交えて振り返っている。( )

(3) (2)の女流日記に見られるような、自分自身を客観的に見つめ、自己の内面の真実を書き記した文学を何と呼ぶか。

(4) 最初の歴史物語で、藤原道長賛美に終始した作品の名と、その叙述形式を答えよ。

(5) 藤原道長の栄華を批判を交えて描いた歴史物語の作品名と、その叙述形式を答えよ。

(6) 次の四鏡を成立年代順に並べよ。

ア 今鏡　イ 増鏡　ウ 大鏡
エ 水鏡

(→ → →)

(7) 仏教説話と世俗説話を集大成した、わが国最大の説話集は何か。

(8) 『梁塵秘抄』は、何を集成したものか。

(9) 勅撰集に入るような歌人たちの、自撰あるいは他撰の個人の歌集を何というか。

2 枕草子・源氏物語　次の各問いに答えよ。

	作者	作品内容	作品の特色
枕草子	清少納言 ・皇后［A］に出仕	・類集的章段 ・［C］的回想章段 ・随想的章段 随筆文学というジャンルの［D］。	鋭い［H］と印象鮮明な描写。 「［I］」と評される。 ［J］で気品のある文体。
源氏物語	紫式部 ・中宮［B］に出仕	［E］の一生とその没後の時代を描いた［F］に分けられる。 ［G］帖の大長編物語の完成。	深い思索と人間の運命の洞察。 「［K］」と評される。 ［L］で繊細な文体。

(1) 空欄A～Lに当てはまる語句を後から選び、記号で答えよ。

A（　　）　B（　　）　C（　　）
D（　　）　E（　　）　F（　　）
G（　　）　H（　　）　I（　　）
J（　　）　K（　　）　L（　　）

ア 定子　イ 開拓　ウ 宇治十帖
エ 感覚　オ 光源氏　カ 簡潔
キ 日記　ク をかし　ケ もののあはれ
コ 彰子　サ 五十四　シ 流麗

(2) 『枕草子』の類集的章段で、「うつくしきもの」「すさまじきもの」などで始まる形式を何というか。［　　］

(3) 『源氏物語』五十四帖にはそれぞれ巻名がつけられている。光源氏生涯の伴侶となる紫の上が初めて登場する巻を、その呼称にちなんで何というか。［　　］

3 中古後期・作り物語　次の説明に当てはまる物語を後から選び、記号で答えよ。

(1) 『源氏物語』の熱心な読者であった菅原孝標女が書いたといわれる悲恋の物語。（　　）

(2) 源頼国女の作とされる、主人公が従妹との許されぬ恋に苦悩するという、『源氏物語』の影響が強い物語。（　　）

(3) 最初の短編物語集で、「虫めづる姫君」など、特異な題材を鋭い感覚で理知的に描いたもの。（　　）

(4) 互いに姿を変えて育てられた兄妹が、最後には本来の性に戻って幸福になるという、奇抜な筋の物語。（　　）

ア とりかへばや物語　イ 夜半の寝覚
ウ 堤中納言物語　エ 狭衣物語

4 中古・本文　次の古典作品の本文を読み、その作品名を答えよ。

(1) 今は昔、竹取の翁《おきな》といふ者ありけり。野山にまじりて竹を取りつつ、……［　　］

(2) 男もすなる日記《にき》といふものを、女もしてみむとて、するなり。……［　　］

(3) 清少納言こそ、したり顔にいみじう侍りける人。さばかりさかしだち……［　　］

(4) 昔、男、初冠《うひかうぶり》して、平城《なら》の京、春日の里にしるよしして、狩りにいにけり。……［　　］

(5) さいつごろ、雲林院の菩提講《ぼだいかう》に詣でて侍《はべ》りしかば、例の人よりはこよなう……［　　］

(6) 春は、あけぼの。やうやう白くなりゆく、山ぎは少し明かりて、……［　　］

(7) やまと歌は、人の心を種として、よろづの言の葉とぞなれりける。……［　　］

18 文学史

1 中世　下の各問いに答えよ。

時代	作品	（ジャンル）	作者
鎌倉時代	〈一一九二　源頼朝、征夷大将軍に〉		
	無名草子	（評論）	藤原俊成女か
	新古今和歌集	（歌集）	藤原定家ら
	方丈記	（随筆）	鴨長明
	A	（歌集）	源実朝
	（④）	（説話集）	鴨長明
	（①）	（説話集）	編者未詳
	平家物語	（軍記物語）	作者未詳
	建礼門院右京大夫集	（歌集）	建礼門院右京大夫
	小倉百人一首	（歌集）	B
	（②）	（説話集）	六波羅二臈左衛門入道か
	正法眼蔵	（仏教書）	道元
	（③）	（説話集）	橘成季
	十六夜日記	（日記）	阿仏尼
	（⑤）	（説話集）	無住道暁
	中務内侍日記	（日記）	伏見院中務内侍
	C	（日記）	後深草院二条
	徒然草	（随筆）	兼好法師・
	〈一三三八　足利尊氏、室町幕府を開く〉		
代	神皇正統記	（歴史書）	北畠親房
	D	（連歌集）	二条良基・救済

カラー便覧ページ	新訂便覧ページ
77〜79	77〜79
80〜83	90〜97
90〜93	112〜115
110〜111	140〜145
132〜137	150〜153
140〜143	157〜163
146〜147	176〜177
162〜163	

(1) 空欄A〜Fに当てはまる語句を後から選び、記号で答えよ。

A（　　）　B（　　）　C（　　）
D（　　）　E（　　）　F（　　）

ア 莵玖波集　イ 藤原定家
ウ 金槐和歌集　エ 閑吟集
オ とはずがたり　カ 世阿弥

(2) 『源氏物語』をはじめ、多くの物語を論評した作品は何か。

(3) 『新古今和歌集』の撰進の院宣を出したのは誰か。

(4) 『新古今和歌集』の代表的歌人である藤原俊成・定家は、どんな理念を理想としたか、二つ答えよ。

(5) 次の私家集の作者を後から選び、記号で答えよ。

① 長秋詠藻　② 山家集
③ 拾遺愚草　④ 壬二集
⑤ 拾玉集　⑥ 秋篠月清集

①（　　）②（　　）③（　　）

(6) 説話集について、次の空欄に当てはまる作品を後から選び、記号で答えよ。

説話集では、十三世紀初めの『（①）』が、多彩な説話を収めて、すぐれた作品である。十三世紀中ごろの『（②）』や『（③）』は、分類・整理に意を用いているが、形式に流れた感が強い。また、鴨長明の『（④）』をはじめ、『閑居友』『撰集抄』『（⑤）』『雑談集』などは、仏教的色彩の濃い説話集である。

①（　　）②（　　）③（　　）
④（　　）⑤（　　）

ア 十訓抄　イ 沙石集　ウ 発心集
エ 宇治拾遺物語　オ 古今著聞集

(7) 訴訟のため京から鎌倉へ下向した旅日記と鎌倉滞在記とからなる、中世紀行文学の代表作品は何か。

(8) 貴族的な「有心連歌」に対して、庶民的で滑稽を主とするものを何というか。

(9) 『鉢かづき』や『一寸法師』などの短編物語を総称して何というか。

室町時		
太平記	（軍記物語）	作者未詳
風姿花伝	（能楽論）	E
ささめごと	（連歌論書）	心敬
F	（歌謡）	編者未詳

④（　　）⑤（　　）⑥（　　）

ア　藤原定家　イ　藤原良経
ウ　藤原家隆　エ　西行
オ　藤原俊成　カ　慈円

⑽『風姿花伝』で説かれている能楽の理想理念を二つ答えよ。

2　古典三大随筆　次の各問いに答えよ。

(1)　平安中期に書かれ、随筆文学の先駆となった『枕草子』の作者を答えよ。

(2)　鎌倉時代に書かれた『方丈記』『徒然草』に共通して見られる仏教的な思想は何か。

(3)　『方丈記』や『徒然草』のように、出家遁世した人によって書かれた文学を何というか。

(4)　次の説明は、ア『枕草子』、イ『方丈記』、ウ『徒然草』のどの作品について述べたものか、記号で答えよ。

①　不安定な世相を背景とした厭世《えんせい》観を、漢語・対句・比喩を多用した格調高い和漢混交文で綴っている。（　　）

②　宮廷生活の体験や、感性の光る「ものづくし」を自在に著した「をかし」の文学である。（　　）

③　内容によって和漢混交文や和文を使いこなし、教訓・滑稽・王朝趣味などの多彩な話題を自由に書いている。（　　）

3　軍記物語・史論・法語　次の各問いに答えよ。

(1)　次の空欄に当てはまる語句を後から選び、記号で答えよ。

中世に入って、『保元物語』『平治物語』『（①）』などの軍記物語が続々と現れた。そして、軍記物語の代表作『（②）』は、平家一門の繁栄から滅亡に至る過程を、（③）や木曽義仲など個性的な武人の運命とからめて鮮明に描き出す。「諸行無常、盛者必衰」の仏教的（④）が全編に流れている。「（⑤）」として（⑥）によって語られたものであるが、読み物としても愛好された。大幅に増補されて四十八巻にまでなった『（⑦）』のような異本もある。

①（　　）②（　　）③（　　）④（　　）
⑤（　　）⑥（　　）⑦（　　）

ア　平家物語　イ　承久記　ウ　曽我物語　エ　源平盛衰記
オ　平将門　カ　平清盛　キ　厭世観　ク　無常観
ケ　琵琶法師　コ　連歌師　サ　宴曲　シ　平曲

(2)　次の説明に当てはまる史論・法語を答えよ。

①　天台座主であった慈円が、歴史を動かすものは「道理」であると説いた史論。

②　親鸞の語録を弟子の唯円が記したといわれる法語。

カラー便覧ページ 79～83 94～99 151～155 158 160～161 164～165
新訂便覧ページ 79～81 98～103 164～168 172～175 178～179

1 近世 下の各問いに答えよ。

時代	作品（ジャンル）	作者
江戸時代	〈一六〇三 徳川家康、江戸幕府を開く〉	
	好色一代男（浮世草子）	井原西鶴
	日本永代蔵（浮世草子）	井原西鶴
	万葉代匠記（国学）	契沖
	猿蓑（俳諧集）	向井去来ら
	A（浮世草子）	井原西鶴
	B（俳諧紀行文）	松尾芭蕉
	三冊子（俳論）	服部土芳
	去来抄（俳論）	向井去来
	国性爺合戦（浄瑠璃）	C
	折たく柴の記（随筆）	D
	菅原伝授手習鑑…a（浄瑠璃）	竹田出雲ら
	誹風柳多留・初編（俳諧）	柄井川柳
	E（読本）	上田秋成
	江戸生艶気樺焼（黄表紙）	山東京伝
	源氏物語玉の小櫛（国学）	本居宣長
	東海道中膝栗毛（滑稽本）	十返舎一九
	蕪村七部集（俳諧集）	与謝蕪村
	南総里見八犬伝（読本）	滝沢馬琴
	F（俳文）	小林一茶
	東海道四谷怪談…b（歌舞伎）	鶴屋南北

(1) 空欄A～Fに当てはまる語句を後から選び、記号で答えよ。

A（　　） B（　　） C（　　）
D（　　） E（　　） F（　　）

ア 雨月物語　イ おらが春
ウ 奥の細道　エ 世間胸算用
オ 新井白石　カ 近松門左衛門

(2) 次の空欄に当てはまる語句を後から選び、記号で答えよ。

和歌においては、賀茂真淵が写実的な万葉調を「（①）」として唱導した。本居宣長は新古今調を重んじ、「（②）」に主眼を置いた。小沢蘆庵は自然な表現を重んじる「（③）」を、香川景樹は心の誠から生まれる「（④）」を歌の本質として主張した。

① （　　） ② （　　） ③ （　　）
④ （　　）

ア ただこと歌　イ もののあはれ
ウ 調べ　エ ますらをぶり

(3) 井原西鶴の浮世草子を、便宜的に四つに分けると、好色物・武家物・雑話物と、あと一つは何か。

(4) 古典の文献学的研究を出発させ、近世国学の祖と呼ばれたのは誰か。

(5) 次の随筆の作者を後から選び、記号で答えよ。

① 駿台雑話（　　）
② 玉勝間（　　）
③ うけらが花（　　）
④ 花月草紙（　　）

ア 本居宣長　イ 室鳩巣
ウ 加藤千蔭　エ 松平定信

(6) 世話物浄瑠璃を生み出した近松門左衛門の芸術論を答えよ。

(7) 上方の「粋」が江戸に移り、より知的な要素を加えたもので、黄表紙・洒落本《しゃれぼん》・人情本などの理想的理念を二つ答えよ。

(8) 表中のa・bは、浄瑠璃・歌舞伎のどの種類に入るか、後から選び、記号で答えよ。

a（　　） b（　　）

ア 時代物　イ 世話物
ウ 時代世話物　エ 生世話物

2 俳諧 次の各問いに答えよ。

呼称	代表	活動・作風
貞門	A	俳諧連歌を俳諧として独立させた。B。言葉の上での滑稽を求める。
談林	C	貞門俳諧のマンネリ化に対抗。D。斬新で奇抜な趣向を求める。
蕉風	松尾芭蕉	俳諧を革新し、芸術に高めた。わび・E・しほり・ほそみ。人生の深遠を象徴的に詠む。
天明調	F	蕉風復帰の運動。離俗論を唱える。G・叙情的。絵画的で印象鮮明な作風。
化政調	H	生活に根ざした人間味あふれる句。I・現実的。俗語や方言を使い生活感情を率直に詠む。

(1) 空欄A～Iに当てはまる語句を後から選び、記号で答えよ。

A（　）　B（　）　C（　）
D（　）　E（　）　F（　）
G（　）　H（　）　I（　）

ア 小林一茶　イ 松永貞徳　ウ 主観的
エ 西山宗因　オ 与謝蕪村　カ 浪漫的
キ 言語遊戯的　ク 軽妙洒脱　ケ さび

(2) 貞門の一人で、『源氏物語湖月抄』など多くの古典注釈書を刊行したのは誰か。［　　］

(3) 蕉門十哲の一人で、才気あふれた作風で江戸俳壇の中心となり、その流派を雪門と呼ぶのは誰か。［　　］

(4) 近世中期の女流俳人で、加賀で生涯を送り、平易通俗の句風で広く知られていたのは誰か。［　　］

(5) 亡き母追善の発句のほかに、放浪時代を回想した句文などを収めた蕪村の俳文集は何か。［　　］

(6) 次の中から一茶の句を一つ選び、記号で答えよ。（　）

ア 秋の暮れ仏に化ける狸《たぬき》かな
イ 名月を取ってくれろと泣く子かな
ウ 夏草やつはものどもが夢の跡

(7) 次の中から芭蕉の作品を三つ選び、記号で答えよ。（　・　・　）

ア 笈の小文　イ 夜半楽　ウ 猿蓑
エ 俳諧御傘　オ 井華集　カ 炭俵

3 近世後期・戯作 次の各問いに答えよ。

(1) 次の説明に当てはまる戯作のジャンルを後から選び、記号で答えよ。

① 遊里に関する機知的な戯文。（　）
② 大人を対象として、世相・風俗を機知的に盛り込んだ本。（　）
③ 狂言・小咄《こばなし》・落語・川柳・狂歌などの笑いを取り入れた読み物。（　）
④ 町人社会における男女の愛情に材をとり、構想を複雑にした小説。（　）
⑤ 複雑な趣向の中に、勧善懲悪・因果応報の教訓を取り入れた本。（　）
⑥ 黄表紙の数冊を一巻とし、これを数巻にまとめて一編としたもの。（　）

ア 黄表紙　イ 洒落本　ウ 読本
エ 滑稽本　オ 人情本　カ 合巻

(2) 次のジャンルの代表的作家とその作品を後から選び、記号で答えよ。

① 黄表紙（　・　）　② 洒落本（　・　）
③ 滑稽本（　・　）　④ 人情本（　・　）
⑤ 合巻（　・　）

ア 山東京伝　イ 恋川春町　ウ 式亭三馬
エ 為永春水　オ 柳亭種彦　カ 浮世風呂
キ 通言総籬　ク 金々先生栄花夢
ケ 春色梅児誉美　コ 修紫田舎源氏

20 文学史

カラー便覧ページ
244〜245
250〜251
255〜269
280〜281
332
新訂便覧ページ
268〜270
280
286〜289
293〜309
322〜323

1 明治 小説・評論 下の各問いに答えよ。

時代	作品	（ジャンル）	著作者
明治	西洋道中膝栗毛	（小説）	仮名垣魯文
	学問のすゝめ	（評論）	A
	当世書生気質	（小説）	坪内逍遙
	小説神髄	（評論）	坪内逍遙
	浮雲	（小説）	二葉亭四迷
	舞姫	（小説）	森鷗外
	五重塔	（小説）	B
	内部生命論	（評論）	北村透谷
	たけくらべ	（小説）	C
	金色夜叉	（小説）	尾崎紅葉
	武蔵野	（随想）	国木田独歩
	不如帰	（小説）	徳冨蘆花
	高野聖	（小説）	D
	病床六尺	（随想）	正岡子規
	吾輩は猫である	（小説）	夏目漱石
	野菊の墓	（小説）	伊藤左千夫
	破戒	（小説）	島崎藤村
	蒲団	（小説）	E
	何処へ	（小説）	正宗白鳥
	すみだ川	（小説）	永井荷風
	網走まで	（小説）	志賀直哉

(1) 空欄A～Fに当てはまる著作者を後から選び、記号で答えよ。

A（　　） B（　　） C（　　）
D（　　） E（　　） F（　　）

ア 幸田露伴　イ 田山花袋
ウ 泉鏡花　エ 谷崎潤一郎
オ 福沢諭吉　カ 樋口一葉

(2) 坪内逍遙が『小説神髄』で主張した文学の理論は何か。

(3) 小説の文体に初めて言文一致体を採用したのは誰か。

(4) 擬古典主義の代表作家で、雅俗折衷体と写実的手法で流行作家となったのは誰か。

(5) キリスト教的な精神文化を取り入れ、文芸評論によって浪漫主義思潮を推進したのは誰か。

(6) 日常の中に人間的な主題を捉え、自然主義文学の先駆者とされたのは誰か。

(8) 浪漫詩人から自然主義作家へと転じ、家と自我の問題を追求した長編を発表したのは誰か。

(9) 耽美派の中心人物で、谷崎潤一郎を見いだし、文壇に登場させたのは誰か。

(10) 白樺派の代表作家で、近代日本の「小説の神様」といわれたのは誰か。

(11) 白樺派の指導者として自己肯定の考え方を主張、「新しき村」で人道主義を実践したのは誰か。

(12) 次の説明に当てはまる文芸雑誌を後から選び、記号で答えよ。

① 近代日本最初の純文学結社「硯友社」の機関誌。（　　）

② 森鷗外が主宰し、活動の中心とした雑誌。（　　）

③ 自然主義理論と作品発表の中心となった雑誌。（　　）

④ 北村透谷・島崎藤村・上田敏らが創刊した同人誌。（　　）

刺青　（小説）	F
黴　（小説）	徳田秋声
善の研究　（評論）	西田幾多郎

(7) 川上眉山に代表される、厭世的な社会批判をこめた作品を何小説というか。

［　　　］

ア　しがらみ草紙　　イ　文学界
ウ　早稲田文学　　エ　我楽多文庫

2 森鷗外　空欄①～⑩に当てはまる語句を後から選び、記号で答えよ。

ドイツ留学から帰った鷗外の、留学みやげの三部作『舞姫』『（①）』『文づかひ』は留学時代の体験を盛り込んだ、哀愁をたたえた甘美な恋愛小説であった。浪漫的な雰囲気と（②）体の伝統的文章とがよくマッチして、近代小説の礎となった。主宰した雑誌などにおける戦闘的な啓蒙評論活動もめざましかった。坪内逍遥との間にかわした（③）は特に有名である。また、原作以上だと評価されたアンデルセン『（④）』の名訳も、雑誌に連載された。

一九〇七年、再び旺盛な文学活動を始めた鷗外は、雑誌「（⑤）」を拠点として、『半日』『（⑥）』『青年』『雁』などを矢つぎばやに発表した。この当時の文壇は、自然主義の全盛時代であったが、鷗外は漱石とともに、反自然主義の立場をとったことは注目に値する。

最初の歴史小説は『（⑦）』で、この作品以後の鷗外は、『（⑧）』『山椒大夫』『（⑨）』など多くの歴史小説と、『（⑩）』『伊沢蘭軒』などの史伝を書いている。

①（　　）②（　　）③（　　）④（　　）⑤（　　）
⑥（　　）⑦（　　）⑧（　　）⑨（　　）⑩（　　）

ア　阿部一族　　イ　高瀬舟　　ウ　雅文　　エ　没理想論争
オ　即興詩人　　カ　スバル　　キ　渋江抽斎　　ク　うたかたの記
ケ　ヰタ・セクスアリス　　コ　興津弥五右衛門の遺書

3 夏目漱石　空欄①～⑫に当てはまる語句を後から選び、記号で答えよ。

一九〇五年、漱石は句誌「ホトトギス」に発表した『（①）』が大評判をとり、以後続編を次々と発表していった。さらに『（②）』『草枕』『二百十日』『野分』を書き旺盛な創作力を示した。この時期の作品には、人生を余裕をもって眺めようとする傾向「（③）」が強く、しゃれたユーモアや美的世界に遊ぼうとする姿勢は「（④）」と呼ばれ、当時主流の自然主義に対抗することになった。

新聞社に入社し、専属作家としての第一作『（⑤）』以後、『坑夫』『夢十夜』『（⑥）』を経て、『（⑦）』以後の漱石は、初期の作風からしだいに実存的関心を深め、（⑧）の問題を中心主題とするようになる。続いて発表した『（⑨）』は、⑥・⑦とともに〈三部作〉と呼ばれる。

「修善寺の大患」後、漱石の言う「（⑩）」の心境を経て、『彼岸過迄』『行人』『（⑪）』『道草』『（⑫）』（未完）など、我執を追究する作品を描いた。

①（　　）②（　　）③（　　）④（　　）⑤（　　）
⑥（　　）⑦（　　）⑧（　　）⑨（　　）⑩（　　）
⑪（　　）⑫（　　）

ア　坊っちゃん　　イ　虞美人草　　ウ　こころ　　エ　明暗
オ　エゴイズム　　カ　則天去私　　キ　三四郎　　ク　低回趣味
ケ　吾輩は猫である　　コ　それから　　サ　余裕派　　シ　門

21 文学史

カラー便覧ページ	新訂便覧ページ
194 210〜216 245〜246 251〜253 267〜281 318〜319 321〜322	214 234〜235 270〜272 281 288〜291 293 308〜323 334〜345

1 大正〜戦中 小説・評論　下の各問いに答えよ。

時代	作品	（ジャンル）	著作者
大正	羅生門	（小説）	芥川龍之介
	城の崎にて　…a	（小説）	志賀直哉
	生れ出づる悩み	（小説）	A
	田園の憂鬱	（小説）	佐藤春夫
	恩讐の彼方に	（小説）	B
	古寺巡礼	（評論）	和辻哲郎
	日輪	（小説）	横光利一
	山椒魚	（小説）	C
	檸檬	（小説）	梶井基次郎
昭和（戦前〜戦中）	伊豆の踊子　…b	（小説）	D
	蟹工船	（小説）	小林多喜二
	夜明け前　…c	（小説）	島崎藤村
	聖家族	（小説）	E
	蒼氓	（小説）	石川達三
	濹東綺譚	（小説）	永井荷風
	人生論ノート	（評論）	三木清
	歌のわかれ	（小説）	F
	走れメロス	（小説）	太宰治
	無常といふ事	（評論）	小林秀雄
	李陵	（小説）	中島敦

(1) 空欄A〜Fに当てはまる著作者を後から選び、記号で答えよ。

A（　　）　B（　　）　C（　　）
D（　　）　E（　　）　F（　　）

ア 井伏鱒二　イ 川端康成
ウ 菊池寛　エ 中野重治
オ 堀辰雄　カ 有島武郎

(2) 後進の育成のために芥川賞・直木賞を創設し、作家の地位向上に大きな業績を残したのは誰か。

(3) プロレタリア文芸雑誌「種蒔く人」の後継誌は何か。

(4) 「戦旗」に作品を発表して作家的地位を確立したが、非合法活動で逮捕、獄死した作家は誰か。

(5) 川端康成が横光利一らと創刊した同人誌は何か。

(6) 鈴木三重吉が発刊し、児童中心の芸術運動を展開した雑誌は何か。

(7) 新感覚派を継承しながら、人間心理の流れを分析的に表現しようとした思潮を何というか。

(8) プロレタリア文学運動の作家たちが、左翼思想を放棄した後、その苦悩などを描いたものを何というか。

(9) 農業の指導にあたりながら、『銀河鉄道の夜』などの童話や詩の創作をしたのは誰か。

(10) 一九三三年に「文学界」を創刊、近代的文芸評論を確立したのは誰か。

(11) 主に中国古典を題材に、近代的自我を造型したのは誰か。

(12) 次の冒頭文は、表中のa〜cのどの作品のものか、記号で答えよ。

① 木曽路はすべて山の中である。…（　　）

② 山の手線の電車に跳ね飛ばされてけがをした、その後養生に、…（　　）

③ 道がつづら折りになって、いよいよ天城峠に近づいたと思うころ、…（　　）

2 芥川龍之介 次の各問いに答えよ。

(1) 一九一四年に、一高時代の同級生たちと創刊した雑誌は何か。

(2) 夏目漱石に激賞され、文壇出発の第一歩となった作品は何か。

(3) すぐれた技巧と知性によって意識的に構成された芥川の作品は、何派を代表するものと目されたか。

(4) 主家から暇を出された下人を主人公に、人間のエゴイズムを浮き彫りにした作品は何か。

(5) 八犬伝を執筆中の馬琴を主人公に、芥川自身の思想や感情を託した作品は何か。

(6) 芥川の実生活に取材した私小説といえる作品群を何と呼ぶか。

(7) 架空の河童の社会における恋愛・労働問題などを戯画的に描いた、芥川晩年の作品は何か。

3 大正～戦中 小説・評論 次の文芸思潮の代表的作家とその作品を後からそれぞれ選び、記号で答えよ。

(1) 新思潮派 （ ・ ）

(2) 奇蹟派 （ ・ ）

(3) プロレタリア文学 （ ・ ）

(4) 新感覚派 （ ・ ）

(5) 新興芸術派 （ ・ ）

(6) 新心理主義 （ ・ ）

(7) 日本浪曼派 （ ・ ）

〈作 家〉
ア 井伏鱒二
イ 堀辰雄
ウ 葉山嘉樹
エ 葛西善蔵
オ 菊池寛
カ 横光利一
キ 亀井勝一郎

〈作 品〉
ク 忠直卿行状記
ケ 子をつれて
コ 海に生くる人々
サ 風立ちぬ
シ 大和古寺風物誌
ス 蠅
セ ジョン万次郎漂流記

4 大正～戦中 評論 次の人物を答えよ。

(1) 夏目漱石の門下で、人間学的倫理学の大成者。

(2) 『遠野物語』などを著した、民俗学の創始者。

5 明治～戦中 演劇 次の各問いに答えよ。

(1) 明治二十年代、坪内逍遙が西洋の演劇理念を取り入れて著した新史劇は何か。

(2) 自由民権運動の宣伝劇として現れた壮士芝居や書生芝居を何と呼んだか。

(3) 明治四十年代におこった、新しい近代劇をめざす運動を何というか。

(4) 次の演劇団体の名称を後から選び、記号で答えよ。

① 逍遙・島村抱月らが設立した団体。 （ ）

② 森鷗外・小山内薫らが設立した団体。 （ ）

③ 逍遙の古典的傾向から離れた抱月が設立した団体。 （ ）

④ 小山内薫らが創立し、「演劇の実験室」と呼ばれた団体。 （ ）

ア 自由劇場　イ 芸術座
ウ 文芸協会　エ 築地小劇場

22 文学史

カラー便覧ページ
244～247
300～307
310～317
320～327

新訂便覧ページ
268～273
282～283
305
346～351
354～361
364～371

1 明治～戦中 詩　次の各問いに答えよ。

(1) 森鷗外らが刊行した訳詩集は何か。

(2) 次の空欄に当てはまる語句を後から選び、記号で答えよ。

一九〇五年、上田敏が訳詩集『（①）』によって、フランスの高踏派・象徴派の詩を紹介した。その影響で、蒲原有明の『（②）』や、薄田泣菫の『（③）』などが生まれ、三木露風の『（④）』に至って、日本の象徴詩は完成したといわれた。

ア 白羊宮　イ 艸《くさ》千里　ウ 廃園
エ 海潮音　オ 有明集

①（　　）②（　　）③（　　）
④（　　）

(3) 耽美派文学を起こした北原白秋の処女詩集は何か。

(4) 『道程』によって、口語自由詩の推進に大きな力を与えたのは誰か。

(5) 『青猫』などにより、日本近代詩の確立者

2 明治～戦中 短歌　次の各問いに答えよ。

(1) 与謝野鉄幹が創刊・主宰した雑誌は何か。

(2) 正岡子規が短歌革命を提唱した評論は何か。

(3) 子規の後継者で、「アララギ」を創刊したのは誰か。

(4) 北原白秋が、吉井勇らと創刊した雑誌は何か。

(5) 生活派の歌人で、口語的発想の三行書きで知られるのは誰か。

(6) 次の空欄に当てはまる語句を後から選び、記号で答えよ。

大正期に入ると、（①）派が歌壇の中心勢力となった。『（②）』の島木赤彦は、作歌を（③）であると説き、『（④）』の斎藤茂吉は（⑤）の説を立てた。ほかに、『（⑥）』の長塚節、『（⑦）』の中村憲吉、

3 明治～戦中 俳句　次の各問いに答えよ。

(1) 正岡子規が刊行・主宰した俳誌は何か。

(2) 子規のもとに集まり、俳壇の主流となった人々は何と呼ばれたか。

(3) 次の空欄に当てはまる語句を後から選び、記号で答えよ。

子規の死後、俳壇の主流派は、高浜虚子と河東碧梧桐の二派に分かれた。

河東碧梧桐の門には、大須賀乙字、荻原井泉水らがあり、乙字は写実を象徴に深めよと説き、「（①）」の呼び名を生んだ。碧梧桐の無中心論、主観的な心理描写の傾向をさらに進めた井泉水は、（②）を唱え、さらに非定型の（③）を主張した。

高浜虚子は、大正の初めに再び俳壇に戻り、「客観写生」「（④）」を説き、ホトトギス派は常に俳壇の主流を占めた。

ホトトギス派の保守的な作風に対して、同派の水原秋桜子は、（⑤）叙情を重んじる立場から、新たに雑誌「（⑥）」を創刊し、同じく山口誓子も、新時代感覚による主知的構成を唱えてこれに同調した。

と評されたのは［　　　］誰か。

(6) 芸術派の詩人たちが、詩の純粋性を取り戻し、主知的な詩法を実践するために結集した詩誌は何か。［　　　］

(7) 第一詩集『測量船』を刊行、また堀辰雄らと詩誌「四季」を創刊したのは誰か。［　　　］

(8) 詩誌「歴程」を創刊、詩集『蛙』を刊行したのは誰か。［　　　］

(9) 次の詩人の詩集を後から選び、記号で答えよ。

① 島崎藤村　② 土井晩翠
③ 室生犀星　④ 萩原朔太郎
⑤ 堀口大学　⑥ 中原中也
⑦ 立原道造　⑧ 金子光春

①（　）②（　）③（　）
④（　）⑤（　）⑥（　）
⑦（　）⑧（　）

ア 抒情小曲集　イ 鮫《さめ》
ウ 月に吠える　エ 山羊の歌
オ 萱草《わすれぐさ》に寄す　カ 若菜集
キ 天地有情　ク 月光とピエロ

土屋文明らがあった。

①（　）②（　）③（　）
④（　）⑤（　）⑥（　）
⑦（　）

ア 林泉集　イ 明星
ウ 鍛錬道　エ アララギ
オ 鍼《はり》の如く　カ 実相観入
キ 赤光　ク 氷魚《ひお》

(7) 一九二四年に創刊された、アララギ派に対抗する各派の歌人を結集した雑誌は何か。［　　　］

(8) 次の歌人の歌集を後から選び、記号で答えよ。

① 与謝野晶子　② 北原白秋
③ 吉井勇　④ 若山牧水
⑤ 前田夕暮　⑥ 木下利玄
⑦ 会津八一　⑧ 釈迢空

①（　）②（　）③（　）
④（　）⑤（　）⑥（　）
⑦（　）⑧（　）

ア 桐の花　イ 南京新唱
ウ 海の声　エ 酒ほがひ
オ 収穫　カ みだれ髪
キ 紅玉　ク 海やまのあひだ

---

①（　）②（　）③（　）
④（　）⑤（　）⑥（　）

ア 自由律俳句　イ 花鳥諷詠
ウ 新傾向俳句　エ 季語無用論
オ 馬酔木　カ 主観的　キ 客観的

(4) 秋桜子や誓子らが推し進めた俳句革新運動を何というか。［　　　］

(5) 生涯を流浪した自由律俳句作家で、晩年に『草木塔』を刊行したのは誰か。［　　　］

(6) 秋桜子の主張は素材論にすぎないとし、俳句における全人間的表現をめざした俳人たちを何派というか。［　　　］

(7) 次の俳人の作品を下から選び、記号で答えよ。

① 正岡子規（　）
② 高浜虚子（　）
③ 河東碧梧桐（　）
④ 尾崎放哉（　）
⑤ 水原秋桜子（　）
⑥ 山口誓子（　）
⑦ 加藤楸邨（　）
⑧ 中村草田男（　）

ア 大空　イ 葛飾　ウ 三千里　エ 寒雷
オ 長子　カ 五百句　キ 凍港　ク 竹の里歌

23 文学史

カラー便覧ページ 210〜212 245〜247 253〜255 274〜275 282〜299 301 308〜313 318〜327
新訂便覧ページ 235〜237 272〜277 281 291〜292 323〜330 334〜371

1 戦後 小説・評論 下の各問いに答えよ。

時代	作品（ジャンル）	著作者
昭和（戦後）	暗い絵（小説）	野間宏…a
	夏の花（小説）	原民喜
	斜陽（小説）	太宰治…b
	俘虜記（小説）	A
	仮面の告白（小説）	三島由紀夫…c
	広場の孤独（小説）	堀田善衛
	芽むしり仔撃ち（小説）	大江健三郎
	海辺の光景（小説）	安岡章太郎…d
	考へるヒント（評論）	小林秀雄
	忍ぶ川（小説）	B
	楡家の人びと（小説）	北杜夫…e
	砂の女（小説）	安部公房…f
	悲の器（小説）	高橋和巳…g
	恍惚の人（小説）	C
	火宅の人（小説）	檀一雄
	夕暮まで（小説）	吉行淳之介…h
	本覚坊遺文（小説）	D
	優駿（小説）	宮本輝
平成	TUGUMI（小説）	E
	跳躍台（小説）	小川国夫…i
	トラッシュ（小説）	山田詠美

(1) 空欄A〜Eに当てはまる著作者を後から選び、記号で答えよ。

A（　） B（　） C（　）
D（　） E（　）

ア 井上靖　イ 有吉佐和子
ウ 大岡昇平　エ 三浦哲郎
オ 吉本ばなな

(2) 広島での被爆体験を小説や詩編に文学化し、原爆文学の代表的作品を残したのは誰か。

(3) 伝統精神の風化を慨嘆し、『豊饒の海』を仕上げた後、割腹自決した作家は誰か。

(4) 「新日本文学」派の作家たちは、かつては何文学の担い手だったか。

(5) 中村真一郎・福永武彦との共著『1946 文学的考察』を刊行し、のちに『日本文化の雑種性』などの評論を発表したのは誰か。

(6) 戦後派と異なり、日常に潜む不安や不安定さ、危機意識などを描き出した作家たちを何と呼ぶか。

(7) 日本で二人目にノーベル文学賞を受賞した作家は誰か。

(8) 『世阿弥』などの戯曲を発表しながら、評論家としても活躍した作家は誰か。

(9) 『日本政治思想史研究』の著者で、時代思想の指導者的活躍をしたのは誰か。

(10) 表中のa〜iの作家は、どの思潮（世代）に属しているか、記号で答えよ。

① 新戯作派（　）
② 戦後派（　）
③ 第二次戦後派（　）
④ 第三の新人（　）
⑤ 戦後の世代（　）
⑥ 内向の世代（　）

2 戦後 詩 次の各問いに答えよ。

(1) 鮎川信夫らと詩誌「荒地」を創刊、『ひとりの女に』などの詩集を刊行したのは誰か。

(2) 社会主義の立場から前衛詩の方向をめざした詩人たちを何派と呼ぶか。

(3) 川崎洋と同人誌「櫂」を創刊、『見えない配達夫』などの詩集を刊行したのは誰か。

(4) 社会批判と現実洞察の目を通して、『表札など』などの詩集を刊行したのは誰か。

(5) 次の詩人の詩集を後から選び、記号で答えよ。

① 田村隆一 ② 吉野弘
③ 谷川俊太郎 ④ 新川和江

①（　）②（　）③（　）
④（　）

ア 感傷旅行 イ 四千の日と夜
ウ 比喩でなく エ 二十億光年の孤独

3 戦後 短歌 次の各問いに答えよ。

(1) 戦後の代表的歌論『新しき短歌の規定』を書き、戦後短歌を牽引したのは誰か。

(2) 『小紺珠』『山西省』で戦後歌壇の第一人者となり、「コスモス」を創刊・主宰したのは誰か。

(3) 詩集『われに五月を』、歌集『空には本』を刊行、また演劇実験室「天井桟敷」を結成するなど、多方面で活躍した前衛歌人は誰か。

(4) 骨格の太い男性的な歌風で、『群黎』などの歌集を刊行したのは誰か。

(5) 次の歌人の歌集を後から選び、記号で答えよ。

① 塚本邦雄 ② 岡井隆
③ 馬場あき子 ④ 俵万智

①（　）②（　）③（　）
④（　）

ア 桜花伝承 イ かぜのてのひら
ウ 水葬物語 エ 朝狩

4 戦後 俳句 次の各問いに答えよ。

(1) 「天狼」を創刊・主宰し、俳句と人間存在を厳しく追究する「根源俳句」を提唱したのは誰か。

(2) 第一句集『旗』を刊行、のちに「断崖」を創刊した、都会的感覚の新興俳句派と評されるのは誰か。

(3) 現代的な感性で伝統俳句を継承し、『百戸の谿』などを刊行したのは誰か。

(4) 『少年』を刊行し、前衛俳句の旗手として独特の作風を不動にした、現代俳壇の重鎮は誰か。

(5) 次の俳人の句を後から選び、記号で答えよ。

① 荻原井泉水 ② 橋本多佳子
③ 金子兜太

①（　）②（　）③（　）

ア 乳母車夏の怒濤《どとう》によこむきに
イ 暗黒や関東平野に火事一つ
ウ 空をあゆむ朗朗と月ひとり

カラー便覧ページ	新訂便覧ページ
328〜331	372〜376
334〜335	378〜381
352〜377	388〜393
	396〜427

1 **戦後 小説・評論** 下の各問いに答えよ。

	作者	作品
イギリス	シェイクスピア	ヴェニスの商人
	デフォー	ロビンソン・クルーソー
	A	ガリヴァー旅行記
	ディケンズ	オリヴァー・トゥイスト
フランス	スタンダール	赤と黒・パルムの僧院
	バルザック	（①）・谷間の百合
	B	レ・ミゼラブル
	ゾラ	（②）・ナナ
	C	女の一生・ベラミ
	ロマン・ロラン	ジャン・クリストフ
	D	失われた時を求めて
	カミュ	（③）・ペスト
ドイツ	ゲーテ	（④）・ファウスト
	トーマス・マン	魔の山
	E	車輪の下・春の嵐
ロシア	ツルゲーネフ	猟人日記・父と子
	F	罪と罰・白痴・悪霊
	トルストイ	戦争と平和・（⑤）
	チェーホフ	（⑥）・桜の園
	G	どん底
	ショーロホフ	静かなドン
アメリカ	メルヴィル	（⑦）
	オー・ヘンリー	（⑧）・賢者の贈りもの
	H	老人と海・武器よさらば
その他	ダンテ	神曲
	イプセン	ブラン・（⑨）
	I	変身・審判

(1) 空欄A〜Iの作者名、①〜⑨の作品名をそれぞれ次から選び、記号で答えよ。

〈作者〉
ア スウィフト　イ ヘミングウェイ
ウ ゴーリキー　エ ヘルマン・ヘッセ
オ プルースト　カ モーパッサン
キ カフカ　ク ドストエフスキー
ケ ヴィクトル・ユゴー

〈作品〉
コ 居酒屋　サ アンナ・カレーニナ
シ 人形の家　ス ゴリオ爺さん
セ 異邦人　ソ ワーニャ伯父さん
タ 白鯨　チ 最後の一葉
ツ 若きヴェルテルの悩み

A（　　）　B（　　）　C（　　）
D（　　）　E（　　）　F（　　）
G（　　）　H（　　）　I（　　）

① （　　）　② （　　）　③ （　　）
④ （　　）　⑤ （　　）　⑥ （　　）
⑦ （　　）　⑧ （　　）　⑨ （　　）

(2) シェイクスピアの四大悲劇を答えよ。

(3) スタンダールの有名な自選墓碑銘は何か。

(4) 『レ・ミゼラブル』の主人公の名は何か。

(5) フランスの作家サン・テグジュペリの、世界的ベストセラーになった童話は何か。

(6) 世界最初の本格推理小説『モルグ街の殺人事件』を書いたアメリカの作家は誰か。

(7) セルバンテスが人間の悲喜劇性両面を描いた作品で、狂気の郷士が農夫を従えて旅に出る物語は何か。

2 中国文学 思想　次の各問いに答えよ。

(1) 孔子の教え・言動などを、弟子や孫弟子が編纂した書は何か。

(2) 儒家思想を受け継ぎ、「性善説」と「王道政治」を主張したのは誰か。

(3) 道家の祖の老子は、「柔弱」な生き方とどんな道を説いたか。

(4) 老子の継承者で、「無」を説いたのは誰か。

(5) 「法治主義」を唱え、法家を大成したのは誰か。

(6) 次の思想家が属した思想グループを後から選び、記号で答えよ。

① 荀子（　）　② 蘇秦（　）
③ 呉子（　）　④ 商鞅（　）
⑤ 墨子（　）　⑥ 公孫竜（　）

ア 儒家　イ 名家　ウ 法家
エ 墨家　オ 兵家　カ 縦横家

3 中国文学 詩　次の各問いに答えよ。

(1) 「帰去来の辞」などを作った、六朝時代の田園詩人は誰か。

(2) 「詩中に画あり、画中に詩あり」と言われた、唐代四大自然詩人の代表は誰か。

(3) 自由奔放で浪漫性に富んだ作品を作り、「詩仙」と称された盛唐の詩人は誰か。

(4) 人生の苦悩や社会の矛盾を作品に表現し、「詩聖」と称された盛唐の詩人は誰か。

(5) 詩文をもって政治を諷喩し、また『源氏物語』など、日本文学にも多大な影響を与えた詩人は誰か。

(6) 次の詩の作者を下から選び、記号で答えよ。

① 除夜の作（　）
② 磧中の作（　）
③ 江南の春（　）

ア 杜牧
イ 高適
ウ 岑参

4 中国文学 史書・文章　次の各問いに答えよ。

(1) 中国の正史の第一作の書名とその著者を答えよ。

(2) 古文復興運動を提唱した中唐の文人で、唐宋八大家に数えられる人物二人を答えよ。

(3) 宋代随一の文学者で、「赤壁の賦」などを書いたのは誰か。

(4) 「赤壁の戦い」や「五丈原の戦い」で有名な、羅貫中の作といわれる小説は何か。

(5) 芥川龍之介の『黄粱夢』は、唐代の沈既済の小説に基づいて書かれているが、その小説とは何か。

(6) 次の文人の書いた作品を後から選び、記号で答えよ。

① 呉承恩（　）　② 劉向（　）
③ 曽先之（　）　④ 魯迅（　）

ア 十八史略　イ 戦国策
ウ 西遊記　エ 狂人日記

25 漢文の学習

カラー便覧ページ	378〜383
新訂便覧ページ	428〜435

1 訓読のきまり 次の各問いに答えよ。

(1) □の中に、例にならって読む順に番号を入れよ。

〈例〉 [2]レ[1][5]二[3][4]一。

① □□□レ□。

② □□二□□一。

③ □□下□二□□□一、□中□□□□上。

④ □二□□一レ□。

⑤ □□乙□下□二□□一□上□甲。

(2) 書き下し文に従って、送り仮名をつけよ。

① 門下に寄食す。
寄二食門下一。

② 将《まさ》に行かんとするも行かず。
将レ行不レ行。

③ 伍員《ごうん》を挙げて国事を謀らしむ。
挙二伍員一謀二国事一。

2 基本構造 次の漢文の構造を後から選び、記号で答えよ。

(1) 主人送ルレ客ヲ。（　）

(2) 白キ頭。（　）

(3) 張良遣《おく》ル二漢王ニ書ヲ一。（　）

(4) 良薬ハ苦シ二於口ニ一。（　）

(5) 孔子問フ二礼ヲ於老子ニ一。（　）

ア 主語―述語―目的語
イ 主語―述語―補語
ウ 主語―述語―目的語―補語
エ 主語―述語―補語―目的語
オ 修飾語―被修飾語

3 返読文字 次の各問いに答えよ。

(1) 書き下し文を参考にして、返り点と送り仮名をつけよ。

① 歳月不待人。
（歳月は人を待たず。）

② 汝可疾去。
（汝　疾く去るべし。）

③ 為我献之。
（我が為に之を献ぜよ。）

(2) 次の漢文を書き下し文に改めよ。

① 法令ハ所三以導クレ民ヲ也。

② 信ニシテ而見レ疑ハ。

③ 孔子使ム二子路ヲシテ問ハ一レ津ヲ。

4 再読文字 次の各問いに答えよ。

(1) 次の漢文を書き下し文に改めよ。

① 未ダルレ聞カ二好ムレ学ヲ者ヲ一也。

② 盍《なんゾ》ル三各言ハ二爾《なんぢノ》志ヲ一。

③ 応《まさニ》シレ知ル二故郷ノ事ヲ一。

④ 猶《なホ》キ二水之就《つクガ》一レ下《ひくキニ》也。

(2) 次の太字の再読文字を口語訳せよ。

① **将**《まさ》ニレ限ラント二其《そ》ノ食《し》ヲ一。

その食料を減ら［　　　　］。

② **当**《まさ》ニシレ如《ごと》クナルレ此《かく》ノ。

［　　　］このようでなければ［　　　］。

③ 過《あやま》テバ則《すなは》チ**宜**《よろ》シクシレ改《あらた》ムレ之《これ》ヲ。

過ちをおかしたら改める［　　　　］。

④ **須**《すべか》ラクシ二急《きふ》ギ撃《う》ツ一。

［　　　］急いで攻撃［　　　　］。

5 助字 次の各問いに答えよ。

(1) 次の太字の助字の意味を各群から選び、記号で答えよ。

① 知レバ三時ニ有ルヲ二利ト不利ト一**也**《なり》。（　　）

② 哀シイ**哉**《かな》。（　　）

③ 越《ゑつ》其レ可ケンレ逆《さか》ラフレ天ニ**乎**《や》。（　　）

④ 其ノ人弗ルレ能ハレ応《こた》フル**也**《なり》。（　　）

⑤ 直《ただ》ダ不ルニ百歩ナラ一**耳**《のみ》。（　　）

⑥ 今安《いづ》クニ在ル**哉**《や》。（　　）

ア 断定　イ 理由　ウ 疑問
エ 反語　オ 詠嘆　カ 限定

⑦ 霜葉ハ紅ナリ二**於**二月ノ花ヨリモ一。（　　）

⑧ 折リレ頸《くび》ヲ**而**《しか》シテ死ス。（　　）

⑨ 兵**者**《は》凶器也。（　　）

⑩ 父母者《は》人**之**本也。（　　）

ア 修飾関係を表す　イ 比較を表す
ウ 主部を提示する　エ 順接の接続詞

(2) (1)の⑦～⑩の助字の中から、置き字を一つ選び、番号で答えよ。（　　）

(3) 次の助字の意味を各群から選び、記号で答えよ。

① 則（　　）　② 即（　　）

③ 輒（　　）　④ 便（　　）

⑤ 乃・迺（　　）

ア そのまま。～するとすぐに。
イ 仮設・条件、他との区別を表す。
ウ 順接にも逆接にも用いられ、強調や驚きなども表す。そこで。かえって。
エ 上と下とが同一であることを示す。そのまま。
オ そのたびごとに。すぐもう。いつでも。

⑥ 又（　　）　⑦ 復（　　）

⑧ 亦（　　）

ア 反復の意。ふたたびまた。
イ 同類の事物を列挙する時に用いる。
ウ ある物の上に重ねて、の意。さらにまた。

6 熟語の構造 次の熟語の構造を後から選び、記号で答えよ。

(1) 遠路（　　）　(2) 善悪（　　）

(3) 猶予（　　）　(4) 飲食（　　）

(5) 有志（　　）　(6) 鶏鳴（　　）

(7) 丁寧（　　）　(8) 先導（　　）

(9) 邸宅（　　）　(10) 勿論（　　）

(11) 抜群（　　）　(12) 迎撃（　　）

(13) 偶然（　　）

ア 上の語が主語・下の語が述語にあたるもの。
イ 上の語が下の語（体言）を修飾するもの。
ウ 上の語が下の語（用言）を修飾するもの。
エ 上の語と下の語が対立するもの。
オ 上の語と下の語が類義のもの。
カ 上の語と下の語が共通の意味を持つもの。
キ 上の語と下の語とが継続的に連なるもの。
ク 上の語が述語、下の語がその対象または及ぶ場所を示すもの。
ケ 上の語が述語で、下の語が主語にあたるもの。
コ 上の語に否定の語があるもの。
サ 下の語に状態を表す語をつけたもの。
シ 上の語と下の語が同じ子音で始まるもの。
ス 上の語と下の語とが同じ韻で終わるもの。

7 漢和辞典 部首も音訓もわからない字をさがす場合、何索引で調べればよいか、答えよ。

［　　　　］

26 漢文の学習

カラー便覧ページ 384～385 388～395
新訂便覧ページ 436～438 442～449

1 必要な語彙 次の太字の漢字の読みと送り仮名（歴史的仮名遣い）を、例にならって答えよ。

〈例〉 筋骨ハ欲スル㆓其ノ**固**ヲ㆒也。　［かたキ　ヲ］

(1)
① 不㆔敢ヘテ**遺**㆓小国之臣ヲ㆒。
② ル未ダ㆑有ラ㆘仁ニシテ而**遺**㆓其ノ親ヲ㆒者㆖也。
③ 斉《せい》**遺**㆓魯《ろ》ニ書ヲ㆒。
④ **遺**㆓不滅之令《れい》蹤《しょう》ヲ㆒。

(2)
① 漢王**已**出《い》ヅ矣。
② 死シテ而後《のち》**已**。
③ 無キ㆑不ル㆑為《な》サ**已**。

(3)
① **見**テ㆑義ヲ不ルハ㆑為サ無キ㆑勇也。
② 孟子**見**㆓梁ノ恵王ニ㆒。
③ 先ニ大王**見**㆑欺カ㆓於張儀ニ㆒。
④ 才ノ美不㆓外ニ**見**㆒。

(4)
① **尚**㆑徳ヲ哉《かな》、若《か》クノゴトキ人。
② 今将軍スラ**尚**不㆑得㆓夜行スルヲ㆒。

［解答欄］ (1)① (1)② (1)③ (1)④ (2)① (2)② (2)③ (3)① テ (3)② (3)③ (3)④ (4)① (4)②

(5)
① **故**君子ハ慎ム㆑独リヲ。
② 温《たづ》ネテ㆑**故**ヲ知ル㆑新シキヲ。
③ 非《あら》ザル㆔**故**生ズルニ㆓於人之性ヨリ㆒也。
④ **故**遣《つか》ハシ㆑将ヲ守ラシメ㆑関ヲ者ハ、
⑤ 君安《いづ》クンゾ与《と》㆓項伯㆒有ル㆑**故**。（ふるなじみ）

(6)
① 化シテ**為**㆑鳥ト。
② 其ノ名ヲ**為**㆑鵬《ほう》ト。
③ 爾《なんぢ》**為**㆑爾、我**為**㆑我。
④ **為**㆓法令約束ヲ㆒。
⑤ **為**㆑人ノ謀リテ而不ル㆑忠ナラ乎《か》。
⑥ 父母宗族、皆**為**㆓戮《りく》没《ぼっ》セ㆒。

(7)
① 我ハ非ズ㆓生マレナガラニシテ而知ル㆑**之**ヲ者ニ㆒。
② 会稽**之**恥。
③ 送ル㆔孟浩然ノ**之**ヲ㆓広陵ニ㆒。

(8)
① 芳草ハ**鮮**シテ美シ。
② 巧言令色、**鮮**矣仁。

［解答欄］ (5)① (5)② ヲ (5)③ (5)④ (5)⑤ (6)① (6)② (6)③ (6)④ (6)⑤ (6)⑥ (7)① ヲ (7)② (7)③ ヲ (8)① シテ (8)②

2 基本句形　次の各問いに答えよ。

〈否定形〉

(1) 次の漢文を書き下し文に改め、二重否定はどれか番号で答えよ。（　　）

① 春眠不レ覚エレ暁ヲ。

［　　　　］

② 無キハ二惻《そく》隠《いん》之心一、非ザルレ人ニ也。

［　　　　］

③ 非ズレ不ルニレ能ハ、不ルレ為サ也。

［　　　　］

④ 不ンバレ入ラ二虎穴ニ一、不レ得二虎子ヲ一。

［　　　　］

⑤ 君子ハ不レ憂ヘ不レ懼《おそ》レ。

［　　　　］

(2) 次の傍線部を口語訳せよ。

① 常ニ不レ得ニ油ヲ。

［　　　　］灯油が手に入ら［　　　　］。

② 伯楽ハ不二常ニハ有一ラ。

伯楽は［　　　　］いる［　　　　］。

③ 倶《とも》ニ不レ生キ。

［　　　　］生きられ［　　　　］。

④ 両虎共ニ闘ハバ、不二倶ニハ生一キ。

二頭の虎が相争えば、［　　　　］

生き残る［　　　　］。

〈疑問形〉

(3) 次の漢文を書き下し文に改めよ。

① 君子モ亦有ルレ窮スルコト乎。

［　　　　］

② 何《なん》為《す》レゾ斬ル二壮士ヲ一。

［　　　　］

③ 何ヲ以ツテカ利スル二吾ガ国ヲ一。

［　　　　］

(4) 次の傍線部を口語訳せよ。

① 為スコトレ之ヲ奈何《いかん》セン。

これ［　　　　］。

② 今日之事ハ何如《いかん》。

今日の事態［　　　　］。

〈反語形〉

(5) 次の漢文を書き下し文に改めよ。（一部送り仮名を省いてある。）

① 不仁者ハ可ニ与ニ言一フ哉。

［　　　　］

② 何為レゾ寸歩モ出《い》デテレ門ヲ行。

［　　　　］

(6) 次の漢文を口語訳せよ。

① 王何ゾ必ズシモ曰ハンヤレ利ヲ。

［　　　　］

② 豈ニ水之性ナランヤ哉。　（性＝本性）

［　　　　］

〈使役形〉

(7) 書き下し文を参考にして、次の漢文に返り点と送り仮名をつけよ。

① 天帝使我長百獣。

（天帝　我をして百獣に長たらしむ。）

② 命将守関。

（将に命じて関を守らしむ。）

27 漢文の学習

カラー便覧ページ	新訂便覧ページ
384〜385 388〜395	436〜438 442〜449

1 **必要な語彙** 次の太字の漢字の読みと送り仮名（歴史的仮名遣い）を、例にならって答えよ。

〈例〉 不レ可カラ二**勝**テ一食ラフ。　［あゲテ］

(1)
① 遂《つひ》ニ**自**投ジテ二汨《べき》羅《ら》ニ一以テ死ス。
② 桃《たう》李《り》不レドモ言《もの》ハ、下**自**成スレ蹊《こみち》ヲ。
③ 有リレ朋《とも》**自**二遠方一来タル。

(2)
① **苟**得バ二其ノ養ヒヲ一、無シ二物トシテ不一ルレ長ゼ。
② **苟**志ス二於仁ニ一矣。

(3)
① 其ノ翼ハ**若**二垂《すい》天《てん》之雲ノ一。
② 不レ**若**レ与《とも》ニスルニレ人ト。
③ **若**反《かへ》ラバレ国ニ、将《まさ》ニレ為サントレ乱ヲ。
④ **若**入リ前《すす》ミテ為セレ寿《じゆ》ヲ。

(4)
① 未ダレシテ**幾**ナラ而死ス。
② 我**幾**不レ脱《のが》レ二於虎《こ》口《こう》ヨリ一。
③ 不ルレ**幾**二乎一言ニシテ而興スレ二国ヲ一乎《や》。
④ **幾**三己モ得ンコトヲ二復タ進ムヲ一。

解答欄：(4)① ナラ

(5)
① 不レ可カラ二勝《あ》ゲテ**数**一。
② 秦**数**挑《いど》ムレ戦ヒヲ。

(6)
① 飲食ニモ亦**嘗**レ胆《きも》ヲ。
② 請フ**嘗**ニ言ハンレ之ヲ。
③ 未ダ三**嘗**見エ二天子ニ一。

(7)
① 使ム三人ヲシテ**説**二子《し》胥《しよ》ニ一。
② 不ニ亦**説**一シカラ乎。

(8)
① **道**不レ行《おこな》ハレ。
② **道**レニ之ヲ以テレ政ヲ、
③ 君子ハ**道**二其ノ常ヲ一、小人ハ**道**二其ノ怪ヲ一。

(9)
① 多ク自ラ**与**。
② 韓信易《やす》キレ**与**耳《のみ》。
③ 鳥獣ハ不レ可カラ二**与**同《ジクス》レ群レヲ。
④ 而シテ王タルハ二天下ニ一、不二**与**存一セ焉。
⑤ 懐王**与**二諸将一約ス。
⑥ 礼ハ**与**二其ノ奢《しや》ナラン一也寧《むし》ロ倹《けん》ナレ。

解答欄：(6)② ニ　(7)② シカラ　(8)② ニ

2 基本句形　次の各問いに答えよ。

〈受身形〉

(1) 次の漢文を書き下し文に改めよ。

① 信《ニシテ》而見レ疑《ハ》、忠《ニシテ》而被レ謗《そしラ》。

② 労《スル》レ力《ヲ》者《ハ》、治《メラル》二於人《ニ》一。

③ 為《ル》二楚《ノ》将《ノ》所《ト》一レ辱《ムル》。

〈仮定形〉

(2) 次の傍線部を書き下し文に改めよ。

① 若嗣子可レ輔、輔《ケヨ》レ之《ヲ》。

② 苟富貴、無《カラン》二相忘《ルルコト》一。

③ 雖二晋伐一レ斉、楚《ハ》必《ズ》救《ハン》レ之《ヲ》。

④ 非二其君一不レ事。

〈限定形〉

(3) 次の漢文を書き下し文に改めよ。（一部送り仮名を省いてある。）

① 以《ツテ》為《ス》二歓笑《ヲ》一爾。

② 但聞二人語《ノ》響《クヲ》一。

〈比較・選択形〉

(4) 次の漢文を書き下し文に改めよ。

① 霜葉《ハ》紅《ナリ》二於二月《ノ》花《ヨリモ》一。

② 与《リハ》二其《ノ》生《キテ》而無《カラン》一レ義、固《ヨリ》不レ如《カ》レ烹《ラルルニ》。

(5) 次の口語訳を参考にして、返り点と送り仮名をつけよ。

① 衣莫若新。（衣服は新しいのが一番だ。）

② 寧為鶏口、無為牛後。（いっそ鶏の口になっても、牛の尻にはなるな。）

〈抑揚・累加形〉

(6) 次の空欄に適当な送り仮名を後から選び、記号で答えよ。

① 庸人(A)羞《ヅ》レ之《ヲ》、況(B)於《ニ》(C)将相《ニ》一乎。

② 死馬(A)且(D)買《フ》レ之《ヲ》、況(B)生《ケル》者《ヲ》乎。

③ 非《ズ》二徒(E)無一レ(F)益、而(G)又害《ス》レ之《ヲ》。

④ 豈《ニ》唯(E)順(H)レ之《ニ》乎。

A（　　）　B（　　）　C（　　）

D（　　）　E（　　）　F（　　）

G（　　）　H（　　）

ア　ンヤ	イ　キノミニ	ウ　ダニ
エ　スラ	オ　イテヲ	カ　ツ
キ　フノミナラン	ク　モ	

〈感嘆形〉

(7) 次の漢文を口語訳せよ。（①馬＝名馬）

① 嗚呼、其《レ》真《ニ》無《キ》レ馬邪。

② 逝《ク》者《ハ》如《キ》レ斯《クノ》夫。

③ 是《レ》何《ゾ》楚人之多《キ》也。

カラー便覧ページ 400〜404
新訂便覧ページ 454〜461

1 故事成語 次の故事成語の意味を各群から選び、記号で答えよ。

(1) 千慮の一失（　　）
(2) 知音（　　）
(3) 管鮑《かんぽう》の交わり（　　）
(4) 燕雀《えんじゃく》安くんぞ鴻鵠《こうこく》の志を知らんや（　　）
(5) 木に縁《よ》りて魚を求む（　　）

ア つまらぬ人物には大人物の遠大な心はわからないという意。
イ 賢者も時には失敗のあること。
ウ 互いに理解し信じあったつきあい。
エ 方法を誤って目的を達成することができないこと。
オ 親友。互いに知り尽くした仲。

(6) 歯牙にかけず（　　）
(7) 登竜門（　　）
(8) 塞翁が馬（　　）
(9) 水清ければ魚棲《す》まず（　　）
(10) 鼎《かなえ》の軽重を問う（　　）

ア 人生の幸・不幸は予測しがたいこと。
イ 権威、権力を有する者をあなどって、その実力を問うこと。
ウ 相手を全く問題にしないこと。
エ 立身出世のための難しい関門。
オ あまりに清廉潔白すぎると、かえって人に親しまれないこと。

(11) 杞憂《きゆう》（　　）
(12) 破天荒（　　）
(13) 蟷螂《とうろう》の斧《おの》（　　）
(14) 渇すれども盗泉の水を飲まず（　　）
(15) 前門の虎後門の狼《おおかみ》（　　）

ア どんなに困窮しても決して悪事を働かないこと。
イ めったにないこと。
ウ 弱者が、自分の力を考えないで強者に立ち向かうこと。
エ やっと禍《わざわ》いを逃れたかと思うと、また次の禍いにあうこと。
オ 不必要な心配。取り越し苦労。

---

(16) 一炊の夢（　　）
(17) 後生畏るべし（　　）
(18) 青は藍より出でて藍より青し（　　）
(19) 愁眉を開く（　　）
(20) 愚公　山を移す（　　）

ア 危険が去って安心した顔つきになること。
イ たえず努力すれば、いつか必ず成功すること。
ウ 弟子が師よりもすぐれた存在になることのたとえ。
エ 人生の栄華のはかないこと。
オ 後から生まれてくる者には無限の可能性があること。

(21) 馬脚を露《あらわ》す（　　）
(22) 尾を塗中に曳《ひ》く（　　）
(23) 鹿を逐《お》う者は山を見ず（　　）
(24) 石に漱《くちすす》ぎ流れに枕す（　　）
(25) 先《ま》ず隗《かい》より始めよ（　　）

ア 富貴の地位について束縛されるより、貧しくても自由な生活のほうがよいということ。
イ ばけの皮がはげること。
ウ 遠大な計画は身近なことから始めるべきだということ。
エ 負け惜しみの強いこと。
オ 一事に熱中すると他の事を考える余裕のないこと。

(26) 蛍雪の功（　　）
(27) 助長（　　）
(28) 覆水　盆に返らず（　　）
(29) 舟に刻みて剣を求む（　　）
(30) 百里を行く者は九十を半ばとす（　　）

ア 手助けしたために、かえって害を与えてしまうこと。
イ 何事も最後のところが大切であるということ。
ウ 苦労して学んだ成果。
エ 時勢の変化に気づかず、いつまでも古いしきたりにこだわっていること。
オ 取り返しがつかないこと。